そうだったのか!?

戦国ミステリーの真相

監修：歴史研究家 跡部蛮

はじめに

歴史を推理する——。

この楽しみに気づいたのは、大学院の博士課程を修了した後のことだった。専門書ならともかく、〝読み物としての歴史書〟はもっと自由に、かつ、歴史を推理する遊び心があってもいいように思うようになったのだ。

なぜなら、史料によって導き出される結論だけを重んじる論文の窮屈さから解放され、いくつかの史料を繋ぎ合わせ、大胆な仮説を立てるダイナミズムを感じたからだ。

歴史を推理するということは、推理小説に登場する刑事がわずかな手がかりを突破口に犯人の残した手がかりを拾い集め、かつ、どうしても繋がらない事実関係に大胆な推理を加えて真相に至る行為に似ているといえまいか。

とくに織田信長が明智光秀に殺された「本能寺の変」に至ってはいくら史料を読みこみ、実証的に検証しても、なかなか真相に至らない。

一級史料の『信長公記』を読むと、本能寺を急襲された信長が「これは謀叛か、いかなる者の企てぞ」とかたわらの森蘭丸に尋ねることになっている。蘭丸はすかさず「明智が者と見え申し候」と答え、誰よりも光秀のことを知る信長は、相手が光秀なら抜かりはないだろうと観念し、有名なセリフ、「是非に及ばず」と呟く。ところが、別の史料を読むと、本能寺を囲まれた信長の脳裏にまず浮かんだ謀叛人の名は意外な人物だった。

犯罪捜査でいうなら、未解決事件で真犯人に至る新たな目撃情報がでてきたようなものだろうか。その新情報から果たしてどのような真相が見えてくるのか。そこに歴史を推理する面白さがあると思う。それを読者の皆さんにも味わっていただきたい。

もちろん、私なりの答えを持っているが、必ずや、その推理の先に、誰も見たことのない〝歴史の風景〟が見えてくるはずだ。

見方を変えたら歴史の常識が覆される——。

さあ、皆さんもともに新たな歴史の常識を見つける旅にでかけようではありませんか。

2019年2月吉日　跡部蛮

資料
日本列島「旧国名」マップ

※支配大名は天正年間前期（1580年頃）のもの。

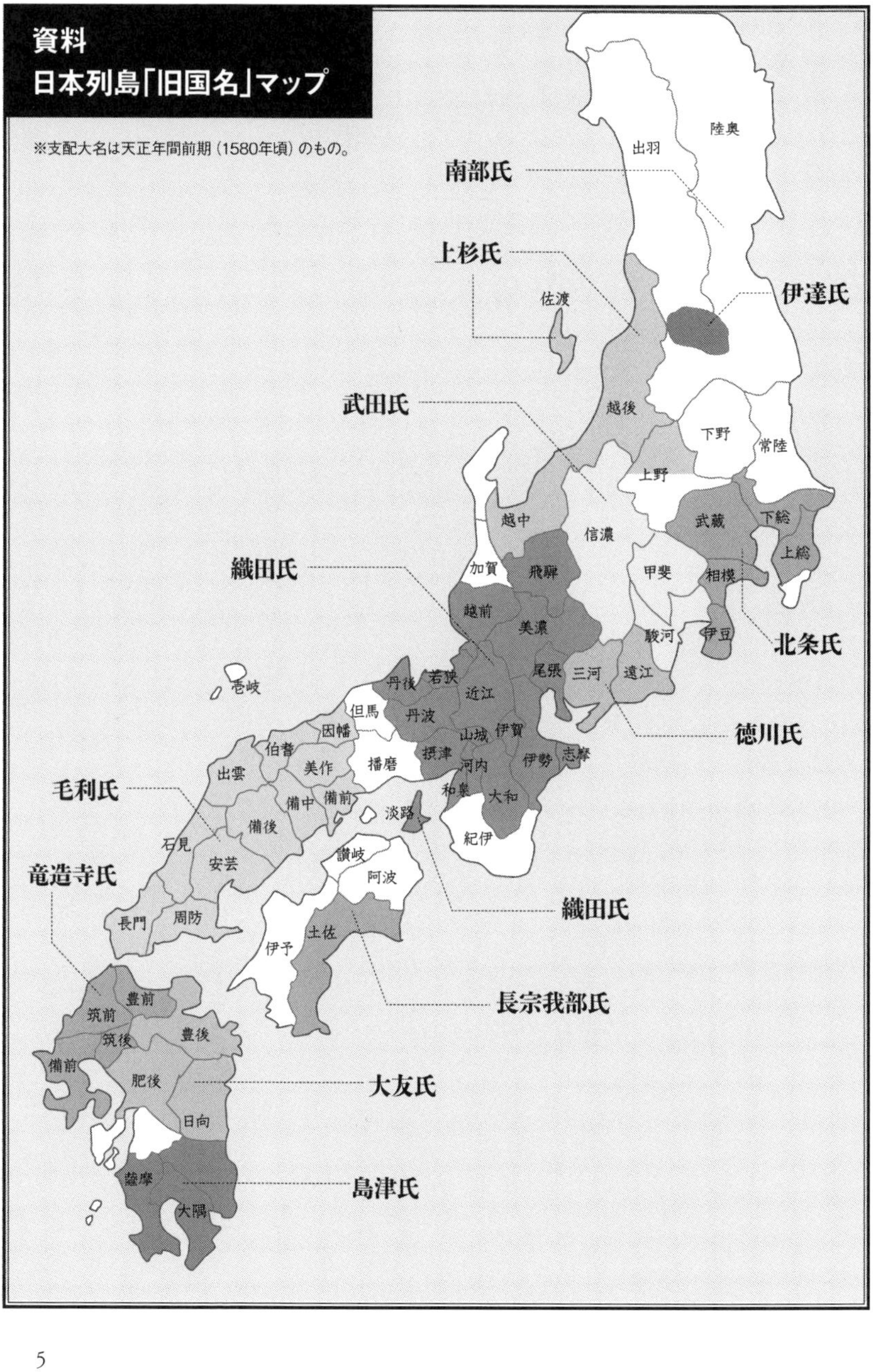

目次

【第1章】信長・秀吉・家康——天下人たちの真実

【第3章】有名武将たちの「知られざる素顔」

【第4章】
信じられない!! 戦国時代の「ウソホント」

第1章

信長・秀吉・家康——天下人たちの真実

戦国覇王は超強運の持ち主

織田信長は本能寺の変の前に5回死んでいてもおかしくなかった!!

永禄2年（1559）に尾張を平定してから23年間、戦の連続だった織田信長の半生は、九死に一生を得るようなピンチの連続だった。並の武将なら本能寺の変を待たず、とうの昔に死んでいたはずだ。

信長が遭遇した絶体絶命のピンチは少なくとも5回ある。

1、9倍の兵力の今川勢が来襲――駿・遠・三の太守今川義元率いる4万5千の大軍が迫った。

2、退路を絶たれた越前金ヶ崎――元亀元年（1570）、朝倉義景方の金ヶ崎城（敦賀市）を落とした信長に、義弟・浅井長政謀叛の報が舞いこむ。浅井勢が信長軍の退路を断ち、朝倉勢と挟み撃ちにすべく居城の小谷城（滋賀県湖北町）を出陣したというから絶体絶命の危機だった。

3、鈴鹿山中、危機一髪！――金ヶ崎から都へ逃げのびた信長が京から岐阜へ帰国する山中でのこと。わずか20数mの至近距離で信長を狙うスナイパー（狙撃者）の銃口が光った。

4、前門の江口川、後門の三好勢――その4カ月後、三好三人衆らが籠る野田・福島両砦（大阪市）を攻撃中、敵（浅井・朝倉勢）が信長の留守を狙い、京へ迫りつつあるという報に接した信長は、陣払いを決断する。その信長の背後に三好勢が迫り、行く手には荒れ狂う江口川が道を阻んだ。

5、「右は揖斐川、左は養老山地」の隘路を伊勢長島の一揆勢が襲う――その3年後。北伊勢から岐阜へ帰国する途中、逃げ場のない隘路をゲリラに襲われ文字どおり窮地に陥った。

強運と機転で死地を脱出

四面楚歌の織田信長の命を救った信じられない「5回の奇跡」とは?・①

本能寺の変までに、5度も「もはやこれまでか」という危機(前項参照)に見舞われた信長は、同時に5回の〝奇跡〟にも恵まれていた。

5千の織田軍に対して、4万5千の軍勢を擁する今川軍が清洲城下へ迫った永禄3年(1560)5月17日。その日の正午前、中島砦から桶狭間へ疾駆する信長を救ったのは、実は〝神風〟(1つ目の奇跡=P20~参照)だった。そのほか、絶体絶命のピンチでどのような奇跡が信長を救ったのだろうか。

◆2つ目の奇跡……越前金ヶ崎から総退却を決めた信長は、殿軍(しんがり)

を秀吉に命じ、馬廻り衆（親衛隊）とともに京をめざして若狭街道を走り抜けた。もう少し浅井長政謀叛の知らせが遅れていたら、織田軍は完全に朝倉・浅井両軍に挟み撃ちされていただろう。

しかし、それでもまだ信長が極めて厳しい状況にあったことに変わりはない。信長は馬廻り衆の中から佐々成政の鉄砲隊およそ150名を割き、殿軍の秀吉を援護させたものの、秀吉軍が朝倉勢に押されて総崩れとなると、信長やその馬廻り衆も敵と戦いながら退却しなければならず、その間に琵琶湖北岸の小谷城を本拠とする浅井勢に行く手を押さえられたら万事休すだった。

ところが、奇跡が起こる。〝信長の首級〟という大金星を目の前にしながら、朝倉勢はなぜかすぐさま追撃に転じようとしなかったのだ。殿軍の秀吉が敦賀口の山々に信長の馬印や幟を林立させ、3万と号する織田勢が敦賀口に帯陣しているように偽装していたから、朝倉勢が警戒したという説もある。ただ、本当のところは、いまだ謎とされている。

参考史料◉『信長公記』『武功夜話』『言継卿記』

強運と機転で死地を脱出

四面楚歌の織田信長の命を救った信じられない「5回の奇跡」とは？・②

◆3つ目の奇跡……越前金ヶ崎から帰京した信長はしばらくして、千草越えで岐阜へ帰国しようとした。その信長の一団が鈴鹿山中の谷川沿いの道にさしかかったとき、信長に恨みを抱く六角義賢に雇われた杉谷善住坊という鉄砲の名手が20数mの至近距離で2発、銃弾を発射（火縄銃の射程はおよそ100m）。ところが、このスナイパーの発した銃弾2発は信長をかすっただけだった。

◆4つ目の奇跡……同じ年の9月23日、大坂の野田・福島の陣を引き払い、京へ急行しようとした信長の前に荒れ狂う江口川が立ちはだかる。三好勢らによって渡し船が撤去され、織田軍は前へ進めないでいた。殿軍を和田惟政・柴田勝家の両将に命じているとはいえ、三好勢に背後を襲われる危険があった。

しかし信長は、実際に馬を乗り入れ、流れが見た目ほどでないと分かるや、全軍に渡河命令を下したのである。ところが、その翌日には徒歩ではとても渡れないほどの水かさになり、江口付近の人々は「奇特不思議」(『信長公記』) と驚いたという。

◆5つ目の奇跡……天正元年 (1573) 10月25日、織田軍は、養老山地と揖斐川の間の隘路を伊勢長島の一揆勢に追撃されていた。うねうねと曲がりくねる一本道の右手に降り続く強い雨と風、そして寒さ。うねうねと曲がりくねる一本道の右手に葦生い茂り、足場はすこぶる悪い。そんな切所を、山側から迂回先回りしたゲリラ勢が弓を射浴びせてくる。雨のため鉄砲も使えない。殿軍の大将は一族郎党とともに討ち死にする中、皮肉なことに信長は数ヵ月前まで敵だった越前衆の奮戦によって奇跡的に難を逃れたのである。

参考史料◉『信長公記』『三河物語』

巷間伝わる〝定説〟は誤りだった!!

「油断した今川の大軍を織田軍が奇襲」は嘘
信長の大勝利「桶狭間の合戦」の真相①

「戦国の三大奇襲」として名高い桶狭間の合戦は、巷間信じられている定説とは大きく異なっている。

永禄3年（1560）5月17日、尾張平定を狙う今川軍は、織田領内の沓掛城（豊明市）に着陣するや、大高城（名古屋市）へ進軍すべく、先発隊の松平元康（のちの徳川家康）に兵糧の補給と織田方の鷲津・丸根両砦攻撃を命じる。

一方、多勢に無勢の信長は、19日の早暁、両砦が今川方に攻撃されるという急報を得るや、すぐさま出陣して熱田神宮で願文を捧げ、善照寺砦で後続の軍勢を待った。今川軍が桶狭間で休息を命じたのは正午頃。初戦の勝利に油断しきった義元の本陣を、中島砦まで進んでいた信長が2千の小勢で出陣し、桶狭間背後の山まで大きく迂回して奇襲攻撃をかける──これが定説だ。

しかし、この話には誤っている点が2つある。まず第一に、今川軍が織田軍の来襲を予期していなかったとされる点。今川軍が油断していたのは事実だが、今川方の記録である『三河物語』には、来襲する織田軍に気づき、「あの敵は小勢か大勢か」という問答があったことまで記されている。2つ目は義元が休息を命じた場所だ。「狭間」という言葉に引っ張られ、今川軍本隊は窪地で休息し、織田軍は背後の山から逆落としに攻めたと伝わるが、事実はまるで逆。『信長公記』には、その場所が桶狭間山であったと明記されている。高所に本陣を構えるのは敵の動きを察知する兵法の常識。だからこそ今川軍の将兵は、来襲する織田軍の姿を捉えることができたのだ。

ではなぜ、絶対不利の織田軍は大勝利を手にすることができたのか?

巷間伝わる〝定説〟は誤りだった!!

季節外れの「北西の突風」こそ勝因!!信長の大勝利「桶狭間の合戦」の真相②

兵力2千の織田軍が20倍以上の今川軍に勝利——これには秘密がある。

今川の大軍を迎え撃つ信長の戦術は、尾三国境（愛知県中部）の地形を利用することだった。付近は小高い丘陵が重なり合い、そこを4万5千もの大軍が通過するのだから、隊列は伸びきる。信長は「その伸びた隊列に乾坤一擲の攻撃を仕掛ようとした」と、されている。そのため信長は、家臣の梁田政綱らに沓掛方面の偵察を命じ、今川軍の動きを逐一報告させた。

信長が善照寺砦から中島砦へ軍を進めようとしたとき、家老衆らは馬の轡にすがり、「敵に気取られます」と止めたが、信長は奇襲よりも今川軍への正面攻撃を想定し、距離的に敵前線となる中島砦へ軍を進めた。やがて、今川軍が桶狭間山で休憩していることを知った信長は出撃を命じる。

すると、今川軍の先手と桶狭間山の本隊とはぬかるんだ田楽坪によって遮断され、信長の狙いどおり今川軍の隊列は伸びていた。だが正面攻撃である以上、信長軍が全滅する恐れもある。しかも、俗説とは逆に織田軍は、桶狭間山へ攻め上らねばならなかった。

しかし、織田軍が山際まで進んだとき、にわかに北西の風と激しい雷雨が天地を揺るがした。このとき今川軍は北西の方角に陣を敷いていた。信長は雷雨と強い北西の風により、一時的に有利に立つことができ、『信長公記』にも、今川軍が強い風に視界を奪われてしまう様子が記されている。

夏に強い北西の風が吹くことは少ない。信長は奇跡ともいえる「神風」によって大勝利を得ることができたのだ。

戦国版〝ハロウィンパーティ〟!?
家臣の前で天女に扮して踊りまくる…信長は生涯「コスプレ大好き」だった‼

青年期の信長といえば、湯帷子（浴衣）の袖を肩脱ぎにして袴の丈は短く、腰には火打ち袋をぶらさげ、髪は髻（もとどり）を紅色や萌黄色の糸で結わえただけ——。ご存知、〝尾張のうつけ（愚か者）〟といわれたころの出で立ちであるが、信長は生涯、奇抜な恰好で人目を驚かせることが好きだったという。

信長がまだ尾張上四郡の岩倉織田家との抗争や弟・信行との確執に追われていた頃の話である。信長は戦に飽きた家臣や領民を慰撫するため、尾張下四郡の津島にある堀田道空（津島神社の社家出身の家臣）邸に家臣や領民を集め、盆踊りを興行した。そのとき家臣たちは思い思いに餓鬼や地蔵、弁慶などに扮した。いわゆる"仮装大会"である。このとき信長は天女に扮し鼓を打ち、女踊りを披露した。津島五ヶ村の年寄らも信長の意外な一面を見て大喜び。このときの返礼にと、年寄らが清洲城下まで出向き、今度は彼らが信長を喜ばせた。年寄らの変装が気に入った信長は「よく似合っておるぞ」「そちはひょうきん者じゃな」などと上機嫌であったという。

天正4年（1576）に安土城（滋賀県安土町）へ居を移してからは、新春になると左義長祭りを盛大に催した。左義長というのは正月に門松や注連縄を焼く行事のこと。とくに天正9年（1581）正月の左義長祭りでは、信長が家臣たちに服装に趣向を凝らすよう命じ、みずからも顔に描き眉の化粧を施し、黒い南蛮風の笠に唐錦の側次（武家が鎧などの上に着用する装束）という南蛮人の姿で馬場へ入場した。"うつけ時代"の精神は、天下人となったあとも、変わらなかったのだ。

参考史料●『信長公記』

相撲が大好きだった戦国覇王

気に入った力士を家臣に召し抱える…信長は戦国一の「タニマチ」だった!!

戦国武将は相撲好きが多かったとされるが、中でも信長は相撲狂といえるほどの熱烈なファンだった。

永禄13年（1570）の3月3日。岐阜からの上洛途上、安土の常楽寺で相撲を興行した信長。力士の顔触れは鹿や小鹿、たいとう、正権、長光、はし小僧ら――。皆、近江中から馳せ集まった手熟れの相撲自慢ばかり。木瀬蔵春庵（行司家の創始とされる）を行司に相撲の取り組みが始まり、勝ち抜いたのは鯰江（東近江市）出身の又一郎と青地（草津市）出身の与右衛門。信長は2人を召し出し、熨斗付きの太刀と脇差を下賜した。いわば〝優勝賞金〟である。

さらに、又次郎という者の相撲のうまさを褒め、衣服を与えた。いわば〝技能賞〟であろう。しかも信長は、よほど勝ち残った又一郎と与右衛門の相撲が気に入ったのか、両人をその日から御家人として召し抱え、相撲奉行を命じた。

安土築城後は定期的に安土山で相撲が催されるようになり、天正6年（1578）8月15日には近江と京をはじめ、1500人もの力士が集結した。この日の奉行は甥の織田信澄や八年前の〝常楽寺相撲〟で奉行に大抜擢された青地与右衛門ら総勢十一名。この日は、各々の武将たちの〝お抱え力士〟も参加し、朝の八時から始まった相撲がおおかた終わったころには日が暮れ始めていたが、いつもの思いつきで信長は突然、「奉行たちの相撲を所望したい」と提案、延長戦へと突入した。

2年後の天正8年には、明け方に始まり夜まで提灯をつけて〝ナイター相撲〟を興行したというから、よほど相撲が好きだったのだろう。

参考史料◉『信長公記』

自らの手足となる精鋭部隊を創設!!

「尾張は弱卒」とされたが天下を手中に収めた理由
信長軍団の強さの秘密は「馬廻り衆」にあった!!

戦国時代、「尾張は弱兵」といわれた。信長が率いた尾張兵は弱かったというのだ。しかし、信長はこの尾張兵を率いて戦国覇者となっている。それは、信長が独創的なアイデアを用いていたからだった。

1つ目のポイントは槍だ。天文22年（1553）に信長が舅の斉藤道三と正徳寺で会見した際のこと。道三は信長の率いた尾張兵が持つ三間半（約6・5m）というケタ外れの長さの槍に度肝を抜かれた。その証拠に、会見のあと道三は、織田勢に比べて美濃衆の槍があまりに短いことに「興をさましたる様子」だったと『信長公記』は伝える。まだ鉄砲が合戦の主力とはならなかった時代には、槍の長さが勝敗を左右したのだろう。

次のポイントは「次男坊」。信長は有力家臣の次男以下の者を馬廻り衆に抜擢した。この時代、長男（嫡男）は指揮官である寄親（重臣クラス）の傘下に組み入れられ織田軍団を支えていた。ふつう、次男や三男は嫡男の側近として支えたが、信長は彼らの中から優秀な人材を馬廻り衆（信長の親衛隊）に抜擢。さらに20名程度の最精鋭を母衣衆として近侍させ、合戦時に自在に用いた。

この馬回り衆から出世した者も多く、前田利家（三男）や佐々成政（四男）などがそうだ。宣教師のルイス・フロイスも、信長の馬廻り衆の精強さを書き残しているが、信長の代名詞となる鉄砲隊も、当初、馬廻り衆の佐々成政に率いさせていた。

信長の命令一下、戦場で自在に武勇を振るう馬廻り衆。彼らこそ、〝弱卒尾張〟を天下の軍団に変えた原動力だったのだ。

参考史料◉『信長公記』『武功夜話』『ルイス・フロイス日本史』

田植えの時期に戦はできない!?

〝稀代の改革者〟信長でも困った戦国時代の「兵農分離」の難しさ

永禄3年（1560）5月19日の早暁のこと。今川勢が鷲津・丸根砦（名古屋市）へ攻めかかったという報に接するや、信長は「敦盛の舞を遊ばし候（中略）法螺ふけ、具足よこせと仰せられ、物具召され、立ちながら御食を参り、御甲を召し候て御出陣なさる」（『信長公記』）。そうして、ただ一騎で清洲城を飛び出した信長を小姓衆や馬廻り衆が追い、桶狭間山で休息中の今川義元を見事討ち果たしたことは前述した。

敗色濃厚な戦に奇跡的に勝利して頭角を現した信長は、他にも楽市楽座などの政策や、鉄砲三段撃ちなどの革命的な戦術を編みだし、戦国乱世に君臨した。既存の秩序の破壊者であり、新たな創造主でもあった信長だが、そんな彼でも改革できなかったことがひとつだけある。それが「兵農分離」だ。

この時代、諸侯（戦国大名）は多くの農兵を抱えていた。荷担ぎ夫などとして徴用した農民のみならず、徒武者の多くも農民。だから、田植えの季節に合戦をすることはタブーとされていた。これに頭を悩ませた信長は、彼ら「半農半武」の徒武者を「足軽」として金銭で雇い入れ常備軍とした。一方、信長のライバルである北近江の浅井長政の軍隊は、中間クラスの家臣でさえ、地侍と呼ばれる者ばかり。彼らは地主として土地に縛られていたから、常備軍というわけにはいかなかった。その意味で「信長の軍隊」はほぼ一年中、合戦できる強みがあったが、それでも不完全。たとえば信長が上洛を果たすまでの出陣記録を見ると、やはり、8月から翌年の4月までという時期に集中している。信長をもってしても、田植えの季節に合戦はできなかったのである。

参考史料◉『信長公記』『総持寺文書』

重臣を武田方に寝返らせるほどの入念さ!!

戦国最強武田騎馬軍団を恐れ周到に準備「長篠合戦」は信長の粘り勝ちだった!!

天正3年(1575)5月11日、武田勝頼率いる1万5千の大軍が、徳川方の三河長篠城(新城市)を包囲。500ほどの城兵が拠る小城は窮地に追い込まれる。家康からの援軍依頼に応じた信長は18日、長篠城の後方、極楽山に陣取りしたが、ここで動かなくなった。後詰にやって来て城が落ちたら元も子もないが、落城寸前の城を前にして、なぜ信長は動かなかったのだろうか。

旧暦の5月下旬は梅雨の季節。信長は1500挺という大量の火縄銃をこの合戦で使う予定だったから、梅雨明けを待っていたという説もあるが、このとき、徳川勢と合わせ武田勢の2倍の兵を擁していながら、信長は臆していたのである。その証拠に「敵がたへ見えざる様に段々に御人数三万ばかり立て置かる」、つまり、武田勢の猛攻に備え、隠れてこそこそと南北約2千mに及ぶ長大な陣地を築いていたと、『信長公記』に動かなかった理由がみえる。

戦国最強と呼ばれた武田騎馬軍団を恐れた信長は、臆病なほどに事前準備を進めていく。重臣の佐久間信盛に武田方に内通させ、「戦端が開かれたら、織田の中枢部に斬りかかる」と勝頼を信じさせる工作もしていたようだ。さらに、馬廻り衆に密かに鉄砲500を与えて徳川勢と秘密部隊を組織し、武田方の砦（鷲の巣山）を攻撃させるなどしている。これによって、敵将の勝頼を次第に焦れさせ、「ひともみに蹴散らす」と突撃を決断させたというわけだ。実際、勝頼は「敵手立ての術を失い」と重臣たちに書き送るなど、動こうとしない信長を侮るようになっていた。電光石火の戦が得意なイメージがある信長だが、慎重に策を巡らせることもできたようだ。

参考史料◉『信長公記』『常山紀談』

殺戮にはきちんと理由があった…

比叡山焼き打ちした戦国魔王信長は弱者を労わる「心優しい男」だった!!

冷酷非道な戦国魔王――信長にはこうしたイメージがつきまとう。比叡山を焼払い、学僧までなで斬りにする一方、高野聖数百人を安土において大量処刑している。本能寺の変の直前に甲斐の武田を滅ぼした際は、武田家ゆかりの恵林寺でも大虐殺を断行した。信長は嫡男・信忠に命じ、寺内の老若を全員、山門にのぼらせ、火をかけたという。さすがに名僧の誉れ高い快川紹喜は山門の上に座ったまま動じなかったというが、稚児や若衆らは「大焦熱の焔に咽、火血刀の苦を悲しむ有様、目も当てられず」と『信長公記』は伝える。

しかし、残虐非道の信長がただ一度だけ温情を見せた"感動秘話"が同じ『信長公記』に記されている。まだ安土に居城する前の話である。信長が京と岐阜との行き来に関ヶ原あたりを通るたび、中山の宿の道沿いに体の不自由な人たちが物乞いの恰好をして座っていたという。信長は不思議に思い従者に尋ねると、「この者たちの先祖は常盤御前（源義経の母）をここで殺しました。そのせいで、子々孫々、体が不自由になってしまう」ということだった。これを不憫に思った信長は、「これで小屋を建て、餓死しないようにしなさい」と木綿20反を与えたという。この温情に誰もが心打たれたそうだ。

信長が比叡山を焼き打ちしたのは、宿敵の浅井・朝倉勢を比叡山が匿ったためだし、高野聖の処刑にしても、高野山に逃げ込んだ荒木村重の残党を引き渡さなかったため。恵林寺の焼き討ちも、敵対する六角義賢の一族を匿ったからであった。敵方に内通したため、同罪とみなし、討ち滅ぼされたわけだ。信長の大虐殺には、それなりの理由があったのだ。

参考史料●『信長公記』

信長最後の〝茶目っ気〟秘話!!

信長が疲れた家臣を喜ばせるため考案
百文で入場「安土城拝観ツアー」とは!?

天下統一を目指し諸国討伐を行っていた間、信長の家臣らは多忙を極めていた。そのため、信長は居城の安土城での年頭の出仕挨拶を控えさせていた。しかし、天正10年（1582）正月、久しぶりに家臣たちに登城を命じた。

その頃、播磨で毛利攻めの途上にあった秀吉も安土へ駆けつけ、正月23日まで安土に滞在することになったというから大変だ。呼び出された家臣たちは、

「安土には家来たちも召し連れて来るがいい。ちょっとした座興を考えておる。ただし、おのおの永楽銭百文を持参することを忘れぬよう」と信長の伝言を聞

いていた。百文といえば、現在の貨幣価値に換算して、だいたい1200円程度。なにしろ奇抜なアイデアで人の度肝を抜くことが好きな信長のこと。家臣らは「上様は何を考えておいでか？」と一様に首をひねっていた。

そして、いよいよ元旦がやって来た。織田家の大小名や陪臣らは、こぞって安土城の西門口から登城した。彼らは城内の惣見寺の毘沙門堂、大手門から三の丸の内、さらには天皇行幸のためにつくられた御殿などを次々に見て廻り、天主閣（天守閣）下の白洲で控えていると、在城の者から「台所口へ伺候なされますように…」と指示された。家臣たちが台所口へ回ると、なんとそこには信長自身が立っていて、家臣から1人ずつ永楽銭を受け取っていたというのである。信長が持参を命じた永楽銭はつまり、安土城を案内した謝礼、いまでいう〝拝観料〟であった。信長が考えた元旦の余興というのは「安土城ツアー」を催し、みずから拝観料を受け取ることだったのである。信長が本能寺でその生涯を閉じる前年のことだった。

参考史料◉『信長公記』『1614度イエズス会年報』『ルイス・フロイス日本史』

身長170cmで声はかん高かった!?

戦国覇王信長はどんな顔をしていたのか!?
本人に瓜二つ「幻の肖像写真」を発見!!

戦国時代、日本に来た宣教師ルイス・フロイスは信長の特徴をこう述べている。「中くらいの背丈で華奢な体。ヒゲは少なく、声は快調」――。

このフロイスの表現から身長は170cm程度、甲高い声の持ち主だと類推されている。また、信長のものとされる髪の毛などから血液型を鑑定し、A型であるとした説もある。それでは、信長はいったいどんな顔をしていたのだろう。

信長の肖像画として有名なのは、狩野元秀筆と伝わる長興寺蔵の「紙本著色織田信長像」。日本史の教科書に掲載されているから、誰もが一度は目にしたことのある信長の肖像画である。

ところが、この肖像画とは別に信長の「肖像写真」が存在するという。よくみると精緻な肖像画を写真に撮り直したものであることが分かる。元本の肖像画（第二次世界大戦で焼失したとされる）は、信長の死後まもなく外国人宣教師が精緻な西洋画法を用いて描いたもので「御太祖様（信長）に最もよく似ている」として、以来、織田本家の人たちの礼拝の対象となってきたものだ。

長興寺蔵の信長像と幻の肖像写真

戦国最大の出世頭はどのように生まれたか!?

農民・村長の息子・中納言の息子まで!!諸説入り乱れる豊臣秀吉の「出生秘話」

秀吉の母の名は「なか」。父は織田信秀（信長の父）の鉄砲足軽だった木下弥右衛門。その弥右衛門は戦で負傷し、尾張愛知郡上中村（名古屋市）へ引っこんで農民をしていた——以上、有名な太閤豊臣秀吉の出生譚である。

秀吉が8歳のときに弥右衛門は他界し、秀吉と姉の2人の子供を抱えた母は、隣村出身の竹阿弥と再婚する。その竹阿弥は信秀の同朋衆であった。つまり秀吉の実父・養父ともども織田家に仕える身。その後の秀吉の出世物語を知る後世の人間からみたら、あまりに都合よくできた話に思えてしまう。

以上は『豊臣伝略』に載る話だが、『武功夜話』では「村長の倅」ということになっており、一転して江戸時代の絵本では農民の子とされる。秀吉の素性についてはなかなか定まらないが、共通しているのは「農民の倅が天下をとった」という出世譚だ。しかし本当に秀吉は農民の出身だったのか。

　「秀吉商人説」というものもあるが、もっとも大胆な説は、母を公家（中納言）の娘とする説だ。『豊臣伝略』が「別伝」として紹介する話である。それによると、母は京の都から尾張の御器所村（名古屋市）へ左遷された中納言の娘ということになっている。中納言はやがて帰洛したが、理由があって秀吉の母はそのまま村に残り、弥右衛門へ嫁いだというものだ。そのあとは通説どおり。弥右衛門の死後、竹阿弥と再婚したとするのも同様だ。

　御器所村はその名のとおり、熱田神宮へ木工品の祭器（御器）を納めていた村で、秀吉をその村の木地師の家の生まれとする説もある。諸説入り乱れる秀吉の出自については、「謎」というほかないだろう。


参考史料◉『祖父物語』『武功夜話』『豊臣伝略』

あけすけにシモネタを語ってご機嫌取り

小者の秀吉が織田家に奉公ができた理由は信長の側室になる女性に取り入ったから!!

愛知県岡崎市を流れる矢作川の岸辺で眠っていた秀吉（藤吉郎）は、橋を渡る馬蹄の音に目を覚ました。そして、野武士の一団を率いる蜂須賀小六と出会う――。これまた、よく知られた話である。しかし、当時、矢作川は渡し船による渡河が一般的で橋はかかっていなかった可能性が高い。『太閤記』にもこの話は載っておらず、これは江戸時代の講談の作り話である。

実際に秀吉と小六が出会ったのは弘治2年（１５５６）のこと。『武功夜話』によると、尾張の土豪・生駒家の屋敷においてであった。秀吉は当時、諸国の事情に明るいことを売りに、屋敷で居候させてもらっていた。偶然、尾駒屋敷でそんな秀吉に会った小六が、「よい面構えの者」と蜂須賀党に召し抱えたのだ。

ところで、この生駒屋敷に吉野（吉乃）という出戻りの美しい女性がいた。信長はこの吉野を愛し、足繁く生駒屋敷へ通い詰める。秀吉は、信長の側室となった吉野の機嫌をとるべく、『武功夜話』によると、「御前（吉野の前であること）を憚からず人の口に致しかねる色話等、少しも恥と思わずぬけぬけ語り申し候」とある。つまりシモネタで信長の側室を笑わせたというのだ。そんな秀吉の評判が、やがて信長の耳に達する。

生駒屋敷にやって来た信長に気に入られた秀吉は、織田家への奉公を願い出る。生駒家の当主八右衛門が「汝の如き小兵、臂力なく太刀振りも覚束なき者」は奉公などかなわないといって反対したが、秀吉は吉野に「馬の口取りなりとも御用下され」と頼みこみ、信長への奉公がかなったというのだ。機知にとんだ秀吉の姿が目に浮かぶようだ。

参考史料◉『太閤記』『武功夜話』

画期的な〝プレハブ工法〟を考案!!

フィクションだと思われてきた秀吉の「墨俣の一夜城」伝説は本当の話だった!!

清洲城城壁の修理や城内で使用する炭薪の削減など、秀吉にはいくつか有名な出世譚がある。たとえば城壁修理では、他の者が20日以上過ぎても完成しなかったところ、秀吉は修理する箇所を十間（約18m）ずつ10組にわけて分担させ、互いにスピードを競わせることにより翌日には完成させたという。

こうした出世譚の中で最も有名なのが「墨俣の一夜城（岐阜県大垣市）」だろう。敵地（美濃の斎藤家）の領内にたった一夜で城を築いたという、誰でもにわかには信じられないような話だ。

もちろん、一夜で築城したというのは誇張で『太閤記』によると、着工は永禄9年(1566)の9月5日。「七日八日にはおおかた城も出来」とあるから、実際には〝三日城〟〝四日城〟というべきだが、それにしても眉唾もの。長い間、俗説として否定されていたが、旧家から発見された史料(『永禄州俣記』)によって、史実である可能性がでてきた。

秀吉は蜂須賀党をはじめ前野党・稲田党ら木曽川の川筋の土豪らを味方に引き入れ、2千人超を動員し、画期的な工法で城づくりを行なったという。あらかじめ木材を木曽川上流で伐り出しておき、それを中流の松倉(岐阜県各務原市)まで筏組みにして流し、そこですぐに墨俣で組み立てられるように加工しておくのである。いまでいうプレハブ工法だ。9月12日の深夜、松倉から湖沼や木曽川の分流・境川を使い、墨俣まで資材を運搬すると、15日には信長が墨俣城に入城したというから、たしかに、わずか3日で築城したことになる。新史料が事実なら、伝説は本当だったことになる。

『川角太閤記』は偶然機密情報を入手とするが…

2万人の軍勢をUターンさせた「中国大返し」秀吉は事前に〝丹波回りルート〟を確保していた!!

天正10年(1582)6月2日に本能寺で信長が討たれると、その情報はすぐさま秀吉のもとにもたらされている。秀吉がその悲報に接したのは3日から4日にかけての深夜。その頃、秀吉は備中高松城(岡山市)を包囲していたが、すぐさま毛利勢と和睦し、6日の昼頃には、2万人近い軍勢をUターンさせ、「中国大返し」をやってのけ山崎合戦で明智勢を蹴散らしている。秀吉はどうして毛利勢より早く「本能寺の変」の情報を摑むことができたのだろう。

毛利勢も6日には「信長・信忠父子死す」の報を摑んでいたが、情報が錯綜しており、毛利勢は秀吉軍を背後から蹴散らし、そのまま都へ急行して天下に号令するという千載一遇の機会を得ながらも、実行できなかったのである。

一方、秀吉が毛利より正確な情報を入手できた理由として『別本川角太閤記』は、3日の深夜、光秀から毛利への使者が秀吉の陣に紛れこみ、その使者の懐中から「今月2日、本能寺において信長父子を誅す」という光秀の密書が見つかったと伝えている。この話は史実として広く伝わっているが、かなり都合がよい話だ。ではなぜ、秀吉は正確な情報を入手できたのか？

光秀は信長父子を討ったあと、むろん最大のライバルである秀吉軍の動向に注意を怠らず、秀吉の居城のある播州姫路への街道を封鎖していたはずだ。秀吉が仮に京へ密偵を放っていても、光秀の封鎖網をかいくぐることは困難だったはず。しかし、秀吉は京から丹波回りの裏ルート沿道の土豪を手なづけ、京からの情報ルートを確保していたのである。秀吉の「中国大返し」は極秘の情報ルートがもたらした勝利だったのである。

参考史料◉『別本川角太閤記』『毛利家日記』

茶器の値段つり上げに土地転がし…

秀吉の信任厚かった茶道の大家の悲劇「千利休切腹事件」の真相とは⁉

茶道の大家である千利休（宗易）が、秀吉の側近として豊臣家の家政に多大な影響を与えていたことは、大友宗麟が「（宗易のほか）関白様（秀吉）へ一言申上ぐる人これ無し」と言っていることでも明らかだ。ところが、その実力者の利休が天正19年（１５９１）２月13日、突然、秀吉の怒りに触れて堺で蟄居を命じられ、次いで同月28日には京に呼び出されて切腹させられている。その理由は諸説あるものの決定的な証拠は見つからず、大きな謎になっている。

利休切腹の罪状として挙げられたのは、当時の公家の日記などから推して２

つ。まず、利休が寄進した大徳寺（京都市）の三門（金毛閣）に自身の木造を安置したこと。その木造は雪駄を履いて杖をついている。禅宗の名刹大徳寺には勅使や関白らも参詣し、三門の下をくぐる。したがって、貴顕らを土足で踏みつけにするのは不遜だという理由だ。さらに、「宗益（宗易）、今暁腹切了。近年新儀ノ道具共用意シテ、高直（高値）ニウル。マイス（売僧）の頂上也」（『多聞院日記』）とあるように、利休がその地位を利用して新しい茶道具に法外な値をつけて売る〝売僧の親玉〟だったことだ。

どちらも事実だろうが、もっと根本的な理由は、豊臣政権の重鎮だった秀長（秀吉の実弟）がこの少し前に逝去したため、利休が家中の権力闘争に巻きこまれたためだと思われる。さらに、利休はもともと堺の商人で周辺の土地を買い漁っていたためだ。秀吉は太閤検地によって地主が手にする儲けを取り上げ、領主（武将）へ配分しようとしていたため、利休の切腹は、この政策に反対する地主らへの見せしめの意味も含まれていたのではないか。

参考史料◉『大友史料』『兼見卿記』『多聞院日記』『利休由緒書』

イギリス人貿易商は〝生存〟を伝える…

大坂夏の陣で散った豊臣秀頼は薩摩に落ち延びて生きていたのか⁉

慶長20年（1615）5月7日の深夜、天守閣が炎上して大坂城は落城。豊臣秀頼は籾蔵の中で母（淀）と共に自刃する。そして、翌年の4月17日、豊臣家を滅亡させた家康もこの世を去る。しかし、その十数日後、イギリス人平戸商館長（リチャード・コックス）の日記に「秀頼様が生存していて内裏に保護されており、大御所様（家康）が死去したのでいまやその事実が明らかにされ、彼（秀頼）が将軍になり、大坂の彼の城は再建されるという噂がある」という仰天すべき内容が記されている。

コックスは大坂落城直後の日記にも「秀頼様の遺骸は大坂城内から発見されなかった」「大御所様は日本全国に命を発し、大坂焼亡の際に城を脱出した輩を捜索させている」と記し、さらにそのあと京の友人の話として「秀頼様は重臣5、6名と共に生存し、薩摩にいるという風聞がある」と書きとめている。

秀頼が内裏に保護されているという噂は眉唾にせよ、秀頼が真田幸村と共に密かに大坂城を脱し、薩摩へ逃げ落ちたという話は当時、多くの人の話題となっていた。これまで俗説として一蹴されているが、そうとは言い切れない。

たとえば、江戸時代に編まれた『薩摩風土記』によると、大坂落城後、薩摩の谷山村（鹿児島市）に「大坂の人々この辺に住、浪人姿にて世を送るとひへる」とあり、その浪人集団の「たいてう（隊長）」が秀頼であるという。また、島原の乱（1638）の際、リーダーの天草四郎の馬印が豊臣家の瓢箪と同じだったことから、その正体は秀頼の息子ではないかと考える歴史家も少なくない。秀頼はともかく、嫡男の国松が生き延びていたという説も存在する。

参考史料◉『リチャード・コックス日記』『甲子夜話』『薩摩風土記』

若い頃の大好物は「水かけ麦めし」

天下人となって豪奢を極めた秀吉は超手間がかかる「○○○」を好んだ!!

「われ（秀吉）微賤のとき、使いのついでに叔母のもとへ駆け寄れば、（叔母は）そちが来らんと思ひおきたりとて、麦めしを大椀に盛りて、棚にありしを、（われは）水をかけて立ちながら食ひて、急ぐゆへ、直ちに帰りたり』

江戸時代に書かれた戦国武将の記録集（『異説まちまち』）の一節である。家康の麦めし好きは有名だが、秀吉も貧しいころ、麦めしに水をぶっかけ、喉へ流しこむようにして食べていたのだ。しかも秀吉は「ひだるとき（飢えているとき）、もの食いたるほど、美味きものはなし」といい、出世してからは美食しているが、あのときの〝水ぶっかけ麦めし〟が忘れられないと述懐している。

そんな秀吉が太閤として位人臣を極めたのちに好んだのは割り粥。米粒を小さく割るところからこう呼ばれるが、秀吉の割り粥好きは数々の逸話が残されているほどだ。一粒ずつ米を割るという手間暇かける調理方法はあまりに贅沢すぎるし、秀吉自身、割り粥が贅沢品であることを認めているのだ。多くの武将が白米に麦をまぜて食していた時代、割り粥を食べられるのは秀吉くらいであっただろう。

天下人となった秀吉は割り粥を好んで食した

参考史料◉『異説まちまち』『名将言行録』『鍋島家文書』

初代親氏は出家して徳阿弥と名乗る

天下を統一し幕府を開いた徳川家康
先祖は「念仏踊りの芸人」だった⁉

松平家康が徳川姓を称するのは永禄9年（1566）年のこと。徳川とは清和源氏の流れを汲む新田一族の「得川《とくがわ》」のことであり、家康はこの年、松平から元々の「得川（徳川）」姓に戻すことを朝廷に願い出たものの、「先例のないことはできない」と突っぱねられる。そこで翌年、関白に就任することになる公卿の近衛前久に銭三百貫を贈ると約束し、ようやく正親町天皇から勅許というお墨付きをもらった。近衛前久に贈った金は賄賂だったのだろう。

家康がそこまで清和源氏にこだわった理由として、当時は源氏出身でなければば征夷大将軍になりにくかったことが挙げられる。当時まだ家康は、三河一国を統一したばかりだったが、将来、将軍宣下を受けることもありえると踏み、用意周到に準備していたのである。

徳川幕府が"公認"した徳川家の歴史によると、徳川有親・親氏父子が新田一族の本拠である上野国を飛び出して流浪した末に流れついたのが三河国。すでに出家して僧になっていた親氏（徳阿弥と名乗る）は父が亡くなったあと、松平郷（豊田市）の土豪松平信重の婿となることに成功する。還俗して松平家の当主となった彼こそが徳川系図の初代親氏である。僧といってもここで言う僧は、舞台の上で念仏踊りを披露する芸人であり、親氏は念仏踊り集団の長として三河へ流れつき、土豪の娘とくっついたのだろう。

先祖が三河に流れついた芸人であることは古くから松平家に伝わる伝承である。家康は家系図をいじって、念仏踊りの芸人を無理やり新田一族の「徳川」に結びつけたのだろう。

びっくり仰天「珍説」の真相

松平元康は桶狭間の翌年陣中で死亡していた!? 明治時代に提唱された「家康入れ替わり説」

家康はその生涯で改名・改姓を繰り返し、「松平元信→松平元康→松平家康→徳川家康」という変遷を辿っているが、明治の歴史家・村岡素一郎氏は、その途中で全く別の人間が家康にすり替わった――と指摘している。つまり、家康は二人いたと大真面目に主張したのである。この説に、東京大学教授で史学会の重鎮だった重野安繹氏が賛同したから当時、大変な騒動になった。

村岡説によると、本物の家康（当時は松平元康）は桶狭間合戦の翌年（1561）、陣中で家臣に惨殺されたことになっている。そのあと、世良田二郎三郎という新田一族（得川家）ゆかりの者が岡崎城を乗っ取り、松平元康になりすまして、以降は学校で教わる歴史通りの流れを経て天下人になったというのだ。これが本当ならば、今川家で人質生活の辛酸を味わった〝苦労人家康〟と江戸幕府を開いた〝天下人家康〟とは全くの別人ということになる。世良田二郎三郎とはいったい何者なのか？

彼は駿府（静岡市）の芸人だった於大の子で願人坊主として諸国を放浪するが、19歳のときに駿府に戻る。桶狭間で今川義元が討たれると、彼は松平元康の嫡男・竹千代（のちの信康）を駿府城から奪い、竹千代を旗印に三河武士らを糾合。三河の山中城（岡崎市）を奪取し、権謀術策の限りを尽くして岡崎城を乗っ取るのだ。そして、松平姓から元の徳川（得川）姓へ復した世良田二郎三郎は、徳川家康として戦国乱世を生き抜き天下人となったという。後年、家康は、信長の命により嫡男の信康と妻を死に追いやる。実子でなかったからこそできたことだとするが、現在の史学会ではこの村岡説は否定されている。

参考史料◉『史疑　徳川家康事蹟』『三河物語』

取り立てた家臣の裏切りに激怒し…

温厚な性格で知られた家康が逆上!!
信長以上の冷酷さを見せた「ノコギリ処刑」

「人生は重荷を背負いて長き道をゆくが如し」——隠忍自重、律儀で篤実な性格だったため、秀吉亡きあと、「内府殿（家康）にお味方すれば道を誤ることはない」と、多くの武将から信頼されていた家康。彼の天下取りの原点がそこにあるといえるが、そんな表の顔とは別に、家康の冷酷さを垣間みることができるのが「大賀弥四郎事件」だ。

大賀弥四郎は中間（武士と平民の間）から三河渥美郡二十余郷（渥美半島）の代官にまで抜擢された家康の信任厚い家臣。ところが家康（当時は浜松城居城）の信頼をいいことに、弥四郎は敵方の武田勝頼（信玄の四男）と謀り、岡崎城乗っ取りを企んでいた。

その弥四郎が武田方に送った密書には「この弥四郎が岡崎城の門前で〝上様（家康）のお成りにござる。開門したまへ〟と申せば、何の疑いもなく門が開きましょう。先手衆を二、三隊遣わしていただければ城内へ安々と手引きし、嫡男・信康様を討ち取るのは容易いことでしょう」と綴られていた。しかし、この世紀の悪巧みはすぐに露見する。重用した家臣に裏切られた家康の怒りはただ首を刎ねるだけではおさまらなかった。

岡崎城下の辻に穴を掘り、首板をはめた弥四郎の指を全部切り落としたうえで、足の筋を切って歩けなくしたうえ、弥四郎を穴に放りこみ、通りがかった者に、そこに置いてあるノコギリで弥四郎の首を引かせたのである。弥四郎は一日中苦しみながら息絶えたという。

温厚な家康も、キレたら怖いということか。

参考史料◉『三河物語』『信長公記』

忠誠心をこれでもかとアピール!!

道幅を広げ沿道の木を伐採し茶屋を建てる…家康が信長に仕掛けた「大接待攻勢」の凄まじさ

「息子を殺せ」といわれても不平一つ洩らさず、忠実に実行した家康。家康の信長への忠誠ぶりは痛々しいほどだった。信長は天正10年（1582）4月、武田家を滅ぼし、武田家の本拠のあった甲府から安土へ帰国の途につく。

このとき武田家旧領のうち駿河一国を家康に与えた信長は「せっかく甲斐まで来たのだから、富士の裾野を回り、駿河と遠江・三河（家康の本拠）をゆっくり見物しながら帰ると致そう」と言う。家康はこの申し出に、今でいう「官官接待」、それも空前絶後ともいえる〝大接待〟を敢行するのである。

信長が通る道はことごとく道幅を広げ、街道の左右にはびっしりと警護の兵を配置。行路の要所に茶屋（休憩所）をもうけ、そこで信長一行を酒肴でもてなした。宿泊地ではわざわざ陣屋まで普請し、陣屋の周囲に二重三重の柵をもうけた。家康の心配りは織田軍の将兵に至るまで徹底していた。たとえば足軽らが担ぐ鉄砲が木の枝にひっかかったら歩きにくいと考えた家康は、沿道の木をすべて伐採させている。

富士山西麓にある浅間大社（静岡県富士宮市）の境内に普請された陣屋はとても一夜限りのものとは思えないほど贅を凝らし、室内に金銀を散りばめた。また、天竜川（遠州灘にそそぐ大河）には舟橋までかけた。このほか、信長に供する食材はすべて、京や堺へ人を遣わし、諸国から集めた珍しい品々ばかりだったという。この大接待に信長は大喜び。返礼に家康を安土へ招き、その帰りに立ち寄った堺の近く家康は本能寺の悲報に接し、慌てて伊賀越えのルートで浜松へ逃げ帰るのである。

参考史料◉『信長公記』

巨大な植木バサミが空中を舞った!!

暗殺の謀略から植木職人の刺客まで…何度も命を狙われていた天下人家康

天下を手中に収めた家康は、その生涯で何度か命を危険に晒している。秀吉の逝去によって政情不安に陥った慶長4年（1599）のこと、石田三成が「権現様（家康）伏見の御屋敷へ押懸け討ち果たす」（『堀尾家伝』）計画を立てた。結局、前田玄以の密告によって計画は家康側に洩れ、実現しなかったが、実行されていたら危なかった。また、家康は会津の上杉家を討つべく東上する途上にも命を狙われている。近江の石部（湖南市）まで来たとき、三成方の水口（甲賀市）城主・長束正家が「明朝、御膳を奉りたい。ぜひ（水口）城へお立ち寄り願いたい」と申し入れ、いったん家康は快諾する。しかし、敏感に身の危険を察した家康は夜半近くになり、逃げるように水口を逃げ出すのだ。

以上の話はよく知られているが、このほか、家康はまったく無名の刺客に2度襲われている。その男の名は植木職人の善七郎。彼の父は佐竹義宣の重臣であり、当時西軍（三成方）への加担を訴えたが認められず、関ヶ原合戦ののち、謀叛の罪で幕府に捕えられ、磔にされた。善七郎はその父の恨みを晴らすため、植木職人として江戸城に潜りこみ、虎視眈々とチャンスを狙っていた。

するとある日、家康が庭へ降りて来た。善七郎はここぞとばかり、木バサミを家康の顔めがけ投げ飛ばしたが、惜しくもハサミは土の上に突き立った。家康の近臣らは色めき立ったが、「手が滑ったのだろう。天下草創のときだ、許してやれ」という家康の寛大な措置で許された。が、善七郎は懲りず、ある日、夜陰に乗じようと夜更けまで庭先に潜んでいたところ、厠へやって来た家康に襲いかかろうとして捕えられる。が、再度許されたという。

参考史料◉『堀尾家伝』『常山紀談』『名将言行録』

豪傑後藤又兵衛の槍が一閃――

伝承と疑惑の墓石銘が遺されていた!!
大坂夏の陣で家康は「戦死」していた!?

大坂夏の陣中のこと。平野（大阪市）の地蔵堂を本陣にすえた家康が藪の中で小用を足していると、突如、背後の地蔵堂が轟音とともに爆発し、あたり一面が火の海と化した。そこへ、「それ、大御所を逃すな！」と、大坂勢が鬨の声を上げた。家康の忠臣・大久保彦左衛門は主を肩に担ぎあげ、その大混乱の中、南をさして逃げだしたが、途中、道を踏み外し、家康もろとも古池へ落ちてしまう。だが、もっけの幸い。池は浅く、両人は頭に藻をかぶり、追っ手をまくことに成功する。家康主従は池から這い上がり、泉州堺の東方にある百舌鳥村の名主勘助という者の家まで来て、匿ってもらうことになった。

しかし、家康がほっと一息つくと、逆に手足の火傷がヒリヒリ痛み出す。家康がかたわらの彦左衛門をみて、「かく体に火傷をしては、とうてい命をまっとうすることは覚束なし。潔くここにおいて切腹してあい果てん」というが早いか、小刀を抜いて腹を切ろうとするや、彦左衛門が慌てて振り払った小刀は、薬研（生薬を砕く金属製の器具）に当たって突きささる──。

以上、明治から大正にかけてシリーズ化された『立川文庫』における名シーンだ。だが、この話がまったくの虚構だといえないのは、これに似た話が伝説として語り継がれているからだ。伝説によると、河内国八尾の藪の中で家康は後藤又兵衛の槍に倒れ堺まで逃れたものの、いま南宗寺の境内になっているところで落命したという。その際、家臣が急場拵えの小さな墓石を立て、家康を弔ったとされる。南宗寺の境内には、そのときの墓らしきものがある。長い歳月の風雪に晒され、墓石銘は判別が難しいが、「家康之墓」と読めなくもない。真相や如何に⁉

参考史料●『立川文庫』

天下人たる者、長寿を保たなければならない!?
質素倹約を兼ねたスーパー健康食!! 「麦めしと味噌」が大好物だった家康

信長は「湯漬け」、秀吉は「割り粥」と、戦国時代の英傑は皆、おかずより主食を好む傾向にあるが、家康も例外ではなく、そのことは『提醒紀談』という史料に記されている。ただし、家康の場合、米ではなく「麦めし」だった。

家康が筋金入りの麦めし好きだった逸話が『名将言行録』に収載されている。三河(岡崎城主)時代から家康の麦めし好きは有名で、夏になると、いつも膳部の椀の中に盛られるのは麦めし。そこで、給仕係の近臣がある日、白米の飯を椀の底に入れ、その上に麦めしをよそって出した。家康が質素節約のつもりで麦めしばかり食べていると思い、気をきかせたのである。

ところが家康は、「わしはケチで米を食べないのではない。戦のために士卒は常に忙殺され、寝食も安心できない。そんなときにわしだけ飽食できようか」と言ったから、聞く者は皆、感じ入ったという。麦めしのおかずは味噌。麦も味噌も言わずと知れた〝健康食品〟である。実は家康は〝健康オタク〟として知られている。晩年は鷹狩で運動不足を解消したり、足袋をはかず裸足でいることで、若さを保っていたとされる。麦めしに味噌も同様。やはり、自身の体を気づかい、せっせと健康食を食べていたのだろう。

麦めしに味噌で73歳まで生きた家康

参考史料◉『神祖御文』『提醒紀談』『名将言行録』『慶長年中卜斎記』

戦国コラム

合戦で用いられた代表的な「陣形」

魚鱗の陣

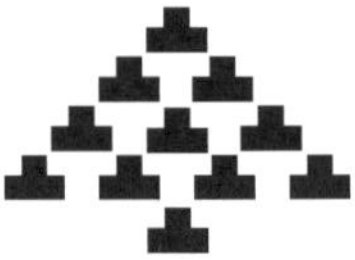

攻め防御ともに
重厚な陣形

鶴翼の陣

敵を包囲し殲滅する
ための陣形

戦国武将が最も好んだ陣形が「魚鱗の陣」。陣そのものが魚の鱗のように見えることから、こう呼ばれる。後方からの奇襲に脆いが、合戦中、臨機応変に対応できる利点がある。武田信玄がよく用いた。信玄は魚鱗の陣により、三方ヶ原合戦で「鶴翼の陣」の徳川軍を撃破している。両翼がV字形に大きく張り出した鶴翼の陣では、両翼を閉じることにより敵軍を包囲殲滅できるが、逆に小勢の場合、中央部の本隊が手薄になり、相手に攻めこまれやすい。3万余の武田軍に挑む8千の徳川軍としては、陣形の選択を誤ったことになる。以上、2つの陣形が最もオーソドックスなものだ。

第2章

戦国最大の謎が解けた!!「本能寺の変」全真相

第一の容疑者は明智光秀ではなかった‼

本能寺の変起こる――‼
そのとき信長が疑った「意外な人物」

『信長公記』にいわく。天正10年（1582）6月2日の午前5時頃、「勢、四方より乱れ入り、信長も、小姓衆も、この喧燥を下々の者どもの仕業と思っていたところ、ときの声をあげ、御殿へ鉄砲を撃ちかけてきた」――。

もはや、信長主従も何者かの謀叛だと覚悟を決めざるを得ない。かくして、戦国最大の事件「本能寺の変」が幕を開ける。しかし、この事件は明智光秀が織田信長の寄宿先を急襲して討ち取ったというほか、謀叛の動機を含めて多くの謎に包まれている。

冒頭のシーンのあと、信長は森蘭丸に「いかなる者の企てぞ」と質す。すると蘭丸は「明智が者と見え申し候」と言上する。しかし、『三河物語』には、御殿の表へ回った信長が開口一番、「上之助が別心（謀叛）か！」と呟いたとある。上之助（城介）とは嫡男・信忠のこと。不思議なことに信長は、光秀から恨みを買っていたはずなのに、その光秀を疑うよりまず、自分の嫡男を疑ったのである。

実は信長と信忠の父子は、前日に国の舵取りを巡り、公卿たちが居並ぶ席上で大喧嘩していたのだ。公卿や勅使は、信長が京の本能寺に入ったことを聞きつけ、ご機嫌伺いに参上していた。その中の一人、勧修寺晴豊の日記によると、信長は公卿たちとの雑談中に、「十二月閏」への変更を持ちかけたのだという。ようは改暦である。当時使われていた暦では西洋暦よりも1年の日数が短かったため、閏月を入れて調整が必要だったのだ。改暦の提案は信長の野心を意味したため、当然公卿たちは猛反対。加えて息子の信忠も反対に回ったため、信長は激怒したというわけだ。

参考史料◉『信長公記』『三河物語』『天正十年夏記』『ルイス・フロイス日本史』

真の狙いは「茶会の開催」だった!!

御小姓衆20人だけを伴って上洛…信長が手薄な警護で本能寺を訪れた理由

『信長公記』には、「五月二十九日（中略）、御小姓衆二、三十人召し列せられ、御上洛」（『信長公記』）とある。信長が居城の安土城を発ったとき、随行したのは、わずかな小姓だけだったのだ。

天下人の信長を狙うものは多い。それなのになぜ、しっかりした護衛をつけずに本能寺を訪れたのだろうか？

それには理由があった。信長が上洛し本能寺に行ったのは、茶会を催すためだったとされている。茶会は6月3日に予定されており、その日のために

本能寺の変で多くの茶器が失われたが、九十九髪茄子(静嘉堂美術館所蔵)だけは奇跡的に残ったという

信長は九十九髪茄子など38種類の茶器の名器を本能寺に運び込んでいた。これは『仙茶集』という史料に掲載されているが、どれもが国宝級の名器だった。

信長は茶会に公卿や豪商を多く招いており、前関白の近衛前久など、錚々たる面々が本能寺に参集する予定だった。そんな折に、軍勢が本能寺に駐屯していることはむさくるしく見栄えが悪い。信長が精鋭の警護を本能寺に配置していなかった理由はそこにある。警護を手薄にしてまで計画した茶会で、信長は前述した「改暦」を強行しようとしていたという。

参考史料●『信長公記』『本城惣右衛門覚書』『仙茶集』他

本能寺周辺に集結していたが…

織田家の最精鋭部隊2千の「馬廻り衆」が明智光秀の奇襲部隊を防げなかった理由

6月3日に本能寺で茶会を催すため信長がわずかな供廻りで本能寺に寄宿せざるを得なかったことは前述した。しかし、用心深い信長が裸同然で上洛するはずがない。

実は信長は、5月29日に安土城を発つ際、信頼する馬廻り衆に「直ちに中国へ出陣する。命令あり次第、出陣できるように準備しておれ」と触れを出していたのである。中国への出陣は茶会の翌日の6月4日と決まっており、変の当日（2日）には、京に織田家の精鋭軍団である馬廻り2千が駐屯していたはずだ。彼らが奮戦すれば、あるいは信長は本能寺で討たれなかったかもしれない。

いったい、彼らはどこにいたのか？

嫡男・信忠のもとに精鋭部隊の一部（史料から約5百と推測できる）があったとして、問題は残りの15百の兵。『信長公記』を精読すると、光秀が奇襲部隊に信長討ちを命じた際、本能寺や信忠が詰めていた二条御所に、馳せ参じた者らのいることが分かる。

まず、本能寺には馬廻り衆の湯浅直宗と信長の愛妾・お鍋の方の連れ子・小倉松寿ら。二条御所へは小沢六郎三郎や土方次郎兵衛らが急行している。六郎三郎は本能寺近くの町屋（下京）に投宿していたものの、次郎兵衛は上京にいたことが分かっている。つまり、信長が頼りにする馬廻り衆は、本能寺から3〜5km離れた場所にいたわけだ。明智隊は電光石火の早業で本能寺を襲ったため、馬廻り衆は間に合わなかったのだろう。光秀の秘密部隊が、いかに鮮やかに本能寺を襲ったかがよく分かる。

参考史料●『信長公記』『本城惣右衛門覚書』『ルイス・フロイス日本史』『明智軍記』

「神君伊賀越え」の真相とは⁉

「堺で本能寺の変を知った」の通説は誤り
信長は本能寺に家康を呼びつけていた‼

信長と軍事同盟を結ぶパートナーだった徳川家康はその頃、信長の招きで安土や京・大坂を遊覧して回っており、本能寺の変が起きた6月2日の朝は、わずかな供廻りで堺にいた。通説だと、ほどなく堺で変事を知った家康は、明智勢の追っ手を恐れ、伊賀忍者の案内で伊賀の山中を抜け、伊勢の白子（鈴鹿市）から船に乗って三河へ脱出したことになっている。世に名高い「神君（家康）伊賀越え」である。

しかし、家康主従が堺から一路、三河を目指したというのは誤りだ。本願寺役人の宇野主水の日記には、「2日、徳川殿が火急に上洛」と記されており、家康主従は本能寺の変の当日、慌てて堺から上洛する途中だったと読み取れる。家康の遊覧に同行した京の豪商・茶屋四郎次郎ゆかりの史料には、「堺遊覧を終えたと信長公へ報告するため、1日に家康はまず四郎次郎を京へ出立させた」とあり、翌2日、京で信長が討たれたことを知った四郎次郎は、河内の枚方で家康の家臣・本多忠勝に会い、まだ飯盛山（四条畷市）あたりを京に向って進んでいた家康へ凶報を伝えたという。家康はその報に接するや、ただちに合戦の兵を挙げるべく、帰国したという。つまり、家康は堺からの上洛途中に本能寺の変を知ったのである。

家康が、2日になって大急ぎで堺を発った理由は、3日に信長が予定していた茶会に家康も招待されていたからだった。気の短い信長は、「なんで家康はまだ来ないんだ」と焦れていたはずだ。それを知っていたからこそ、家康は2日になって大急ぎで本能寺を目指したのだろう。

参考史料◉『宇野主水日記』『茶屋由緒書』

歴史がひっくり返る仰天仮説!!

〝戦国魔王〟信長が光秀に下していた「本能寺で家康を討て!」の驚愕密命

ここで一度、「本能寺の変」を整理してみよう。一般には、信長は備中で毛利勢と対陣する羽柴秀吉に泣きつかれ、その尻を叩くため、わずかな供廻りで西国へ向かう途中に立ち寄った京で、油断を光秀に衝かれ討たれたとするのが本能寺の変である。しかし本書では、各種史料から、「信長の上洛の目的は6月3日に本能寺で茶会を催すことにあった」「その茶会には前関白ら大勢の公卿を招待しており、彼らの前で信長の念願である改暦を宣言する予定だった」「茶会に軍勢はふさわしくないので、わずかな手勢で本能寺に滞在していた」

ことを説明してきた。

しかし、これだけでは本能寺の変の謎は解明できない。それには信長の真の狙いを理解する必要がある。信長の真の狙い……それはずばり、「本能寺で家康を殺す」ことだったのではないか。信長にとって家康との同盟は、武田家への備えが最大の理由だった。しかし、武田家が滅びたあとは、次第に力をつけていく家康の存在が脅威に変わっていった。家康に朝廷から「信長追討」の密勅が下っていた疑いもある。その家康を本能寺の茶会に誘い出し、亡きものにしてしまおうと信長は考えていたわけだ。家康もこうした動きを察知していたフシがあり、だからこそ、2日になるまで堺から動こうとしなかったのではないだろうか。この家康暗殺の謀略は、信長から光秀に伝えられていたと思われる。その証拠に、光秀の子孫の明智憲三郎氏は、宣教師ルイス・フロイスが書き残した「信長は（安土城内の）、ある密室において明智と語っていた」という記述に注目。その際に、家康暗殺の密命が伝えられたとする論を展開している。

参考史料●『信長公記』『明智軍記』『ルイス・フロイス日本史』

四国情勢を巡り秀吉と激突…

光秀が家康暗殺の密命から一転 主君信長暗殺の謀反に走った理由

光秀が信長から事前に家康暗殺の密命を受けていたとしたら、いつ、光秀は心変わりしたのか。彼は、信長の命令どおり家康を討つか、それとも信長へ叛旗をひるがえすか、かなり悩んでいたようだ。光秀が悩んでいた理由は四国に覇を唱えた戦国大名、長宗我部元親の存在だった。光秀は織田家中で、元親の取次役だったのだ。

信長は当初、光秀を外交特使として四国の雄・長宗我部家を手なづけようとしていたが、やがて戦略を変更。長宗我部家と断交する一方、阿波で勢力回復を狙っていた長宗我部家のライバル三好康長の支持に回った。その康長はのちに秀吉の甥（のちの関白・秀次）を養子に迎える。つまり信長は、四国戦略を光秀＝長宗我部家から秀吉＝三好家へと乗り換えたわけだ。

当然、光秀は面白くない。織田家中で秀吉と出世を争っていた光秀だけに、この信長の政策転換には愕然としただろう。そこで、光秀は一発逆転を考えるようになる。つまり、家康暗殺の密命を受けていた本能寺を利用して、主君信長を亡き者とし、自らが天下人に名乗りをあげるというものだ。当然、元親の支援も取りつけていたはずだ。光秀は信長の陰謀に加担していたわけだから、信長の油断を誘うこともできたはずだし、明智部隊が信長の寝所をピンポイントで襲うことができたのもうなづける。ただ、光秀は謀反に相当悩んでいたようで、史料には「明智殿謀反の事いよいよ差し急がれる」（『長宗我部盛親記』）との記述もある。しかし、ついには謀反を実行し信長暗殺に成功したわけだが、光秀が信長を討った理由は、他にもあったのだ（以下次項）。

参考史料◉『長宗我部盛親記』『細川忠興軍功記』

改暦問題が朝廷の逆鱗に触れた!!

悩める光秀の尻を叩いた「本能寺の変の黒幕」吉田兼見

前項では四国の雄・長宗我部家の仲介役だった光秀が、信長の四国戦略変更により、ライバル秀吉に後れを取ったことが謀反の一因だったと説明した。ただ、光秀を謀反に走らせたのは、朝廷の〝反信長勢力〟の入れ知恵もあったという。

信長が6月3日の茶会で、公卿たちを前に「改暦」を強行しようとしていたことは説明した。信長は朝廷が定めた「京暦」を東国で使用されていた「三島暦」へ変更しようと画策していたのだ。ただ、朝廷の決定を覆すのだから、相当な反発が予測され、公卿たちには無礼な行為に映るはずだ。これを力でねじ伏せるために、信長は茶会に国宝級の茶器を並べ、自らの権勢を誇示しようとしたわけだ。

こうした信長の動きに強い危機感を抱いた前関白・近衛前久ら朝廷の首脳は、謀略に長け顔が広い吉田兼見（朝廷の神祇官）を使い、信長暗殺計画を練ったとされる。そんな状況下で兼見が目をつけたのが明智光秀だった。光秀は戦国武将の中でも有名な朝廷びいきで知られ、公卿たちの信頼も厚かった。さらに兼見の子が、光秀の娘婿である細川忠興の妹を妻にしている縁もあった。

兼見が本能寺の変の黒幕だった証拠もある。光秀が信長を討ったあと、一行を兼見が馬で追い、安土城で光秀と歓談していると『兼見卿記』にあるし、光秀の死後、信長の三男信孝に光秀との関係を詰問されているのもキナ臭い。兼見は自分が黒幕であることを隠すためか、光秀の死後、本能寺の変から1週間の日記を書き直している。

朝廷・幕府の〝反信長〟謀略!!

本能寺の4年前に荒木村重が失敗…光秀は信長暗殺の「第2の刺客」だった!!

本能寺で信長が横死したあと、前関白・近衛前久は黒幕と疑われ、浜松の家康のもとへ逃亡し、吉田兼見は日記を改竄している。この「近衛前久 - 吉田兼見 - 明智光秀」を軸とする朝廷グループに対して、もうひとつ、信長に敵意を抱く勢力として、「室町幕府将軍・足利義昭 - 本願寺教如 - 幕府旧臣の細川幽斎」を中心とする幕府グループがあった。そして、このいずれのグループとも光秀は昵懇だったとされる。

将軍・義昭は天正元年（1573）、信長に京を追われ、西国・毛利の庇護を受けており、信長への恨みは骨髄に達している。その旧臣・幽斎は幕府の名門・細川家の分家の次男坊とされているが、将軍・義晴（義昭の父）の落とし胤だとされている。この幽斎・義昭兄弟が本能寺の4年前に、「信長殺害」を計画した疑いがあるのだ。天正7年（1578）、本願寺の重臣の娘を妻とする荒木村重が、本願寺と結び信長に叛旗をひるがえしたのだが、この時、「村重が謀反」と信長に報告したのが幽斎だった。ただ、これが本意ではなかった村重は信長に詫びを入れに安土城に向ったところ、道中、村重のもとに光秀から使者が来て、「信長はもってのほかと怒り心頭。安土へ行ったら殺される」と伝えている（おそらく偽情報）。是が非でも村重に信長討伐に立ち上がってもらいたい幽斎と光秀ならではの周到さである。

結局、村重の謀反は失敗、信長の大軍に城を包囲され、家臣や家族を皆殺しにされてしまう。村重は失敗したので、次は光秀——本能寺を襲った光秀は「第2の刺客」だったのだろう。

参考史料◉『信長公記』『立花左京亮入道隆佐記』『陰徳太平記』『荒木村重文書』

戦国コラム

本邦初!! 本能寺の変「関係者スペシャル座談会」

戦国最大の謎とされる本能寺の変。ここで信長が倒れなければ、天下は彼のものとなっていたことは間違いない。日本史の一大転機であった本能寺の変だが、本書で説明してきたように、一言で「信長に恨みを持つ光秀の謀反」と片づけることはできない。ただ、どうも背景が込み入っていて分かりにくいという方に、〝仮想〟座談会形式で本能寺の変を総括!!

出席者

織田信長

明智光秀

羽柴秀吉

徳川家康

吉田兼見

信長：ウォホン！　今日は忌々しい本能寺の変の関係者に集まってもろうたが、貴様ら余を亡き者にしおってからに!!
光秀：殿、お懐かしゅうございます！
信長：何をぬけぬけと！　ワシを殺しおって、このキンカ頭め！（パーン）
秀吉：おお！　一世を風靡した殿と光秀殿のツッコミ芸は健在ですな。
信長：うるさい猿め！　貴様、わしの跡を継いだのはよいが、憎っき家康に天下をかすめ取られおってからに！
家康：兄者、それはちと言葉が過ぎませんか。そもそも、本能寺で公家衆を集めた茶会にかこつけて、ワシを殺そうとしたのは兄者じゃないですか！
信長：そ、それは、ワシではなくて……（モゴモゴ）光秀、お前が説明せい！
光秀：私は疲れていたんです……。鉄砲の腕を磨きながら、書物を読みふけり、諸国を放浪していた私を拾ってくれたのが信長様でした。私は恩ある殿のために、それこそ牛馬の労をいとわず必死で働きました。しかし、殿の寵愛は私ではなく秀吉殿に向かっていった。私はそれが悔しうて悔しうて……。

信長：えーい、女々しいぞ光秀！　貴様、さては四国の長宗我部と通じておったな？

光秀：そ、そのようなことは決して。ただ、我が家臣・斉藤利三の兄が、長宗我部元親に娘を嫁がせていたことは殿もご存知だったはず。私はその線から長宗我部に働きかけ、四国を平和裏に調略するべく工作していたのに、殿は秀吉殿に三好の残党をたきつけさせ、あろうことか長宗我部を攻めようとした。私の立場はどうなるのですか！

信長：うるさい馬鹿者！　それは余の勝手であろう。それよりも何故、貴様はワシに背いたのじゃ？

秀吉：そうじゃそうじゃ！　明智殿、説明されよ。

光秀：このままでは秀吉殿に先をこされ、私の立場が危うくなる……私は焦っていたんです。そんな折、殿が家康殿の暗殺を私に命じました。手抜かり無く計画

戦国コラム｜**本邦初!! 本能寺の変「関係者スペシャル座談会」**

を進めていたんですが、私とて人の子、つい、殿を討ったら自分に天下が転がり込むと魔がさしてしまったんです。また、天子様の勅命が下る約束もあって（モゴモゴ）……。

家康：明智殿、勅命とはなんのことだぎゃ？

光秀：もはやここまで……。はい！ それでは登場してもらいましょう。本日のスペシャルゲスト、朝廷の重鎮、吉田兼見殿です。兼見殿、ささ、こちらへ。

兼見：これは皆様おそろいで。さて、信長殿、そなたはちと、乱暴狼藉が過ぎましたぞ。二条御所を誠仁親王に献上するなどとお為ごかしをしたこともそう。これは事実上の幽閉ではござりませぬか！

信長：うるさい！　公卿風情が何を抜かすのじゃ！

兼見：それだけではござりませんぞ。天子様の専権事項である改暦の権を奪おうとしたではございませんか。これは天下万民に示しがつかぬ暴挙、不敬の極みですぞ！

信長：クゥーッ……。

秀吉：はいはい。では、ここからはアッシが説明いたしやすね。つまり、〝日本王〟になろうとしていた殿は、朝廷や幕府の残党の怒りを買っていたということでやんすね。そこで、殿を葬るべく、〝朝廷オタク〟の光秀殿に兼見殿が接近し、信長打倒の兵を挙げれば天子様の「勅命」を出すと約束したんですよ。

光秀：ううーっ！　私がバカでした。結局、勅命は出ず私は、主家に弓を引いた稀代の逆臣の汚名を着せられたのじゃ！

戦国コラム | 本邦初!! 本能寺の変「関係者スペシャル座談会」

信長：もうよい！　泣くな、光秀。それより猿、貴様なぜ、中国の毛利を攻めておったのにそんなに京の情報に詳しいんじゃ。面妖なやつよの。

秀吉：それは、へへへッ。京の街に放ったあっしのスッパの情報でさーね。やっぱり、情報ってのは時として一万の人馬に勝りますからね。

信長：相変わらず、抜け目のない奴よの。

家康：なるほどなるほど。これで、秀吉殿が中国からあんなに速くトンボ返りできた謎が解けましたな。

秀吉：へへッ。

信長：ククーッ、どいつもこいつも好き勝手なこと抜かしおってからに。

兼見：はいはい。そこまで。ま、本能寺の変はそんなとこでしょうかね。

信&光&秀&家：お前がしめるなっつーの!!

「本能寺の変」前後の日程表

五月七日	信長が三男信孝へ四国出陣を命じる
五月十五日	家康が信長に招かれ、安土城へ入る。接待役の光秀から歓待される
同十七日	信長が光秀の接待役を解き、秀吉の加勢のため中国出陣を命じる
同二十一日	信忠が京の妙覚寺へ入る。家康が安土を発って上方歴遊の旅に出る
同二十六日	光秀が居城の近江坂本城を出陣、丹波亀山城へ入る。
同二十八日	光秀が愛宕山(愛宕神社)の連歌会を催す(有名な「愛宕百韻」)
同二十九日	信長が小姓らとともに安土城を発ち、京の本能寺へ入る
六月一日	信長が本能寺に勅使を迎え、前関白近衛前久ら公卿と雑談。このとき改暦問題をめぐり、信長と嫡男信忠が口論。光秀が総勢一万三千の軍勢を率いて亀山城を出陣
同二日	「本能寺の変」起こる。丹羽軍の四国渡海予定日。家康が堺を発ち、河内飯盛山(四条畷市)で凶報に接する
同三日	本能寺茶会が催される予定になっていた
同四日	家康が伊勢白子浦から船で三河へ逃げ戻る。秀吉が本能の変のことを毛利方に隠し和睦する
同五日	光秀が安土城へ入る
同六日	秀吉が史上有名な「中国大返し」を開始
同七日	吉田兼見が誠仁親王の使者として安土城で光秀と雑談
同九日	光秀が上洛し、正親町天皇・誠仁親王らに各銀五百枚、兼見に銀五十枚を贈与

参考史料◉『宇野主水日記』『茶屋由緒書』

黒幕はコイツらだ!!
本能寺の変「完全人物相関図」

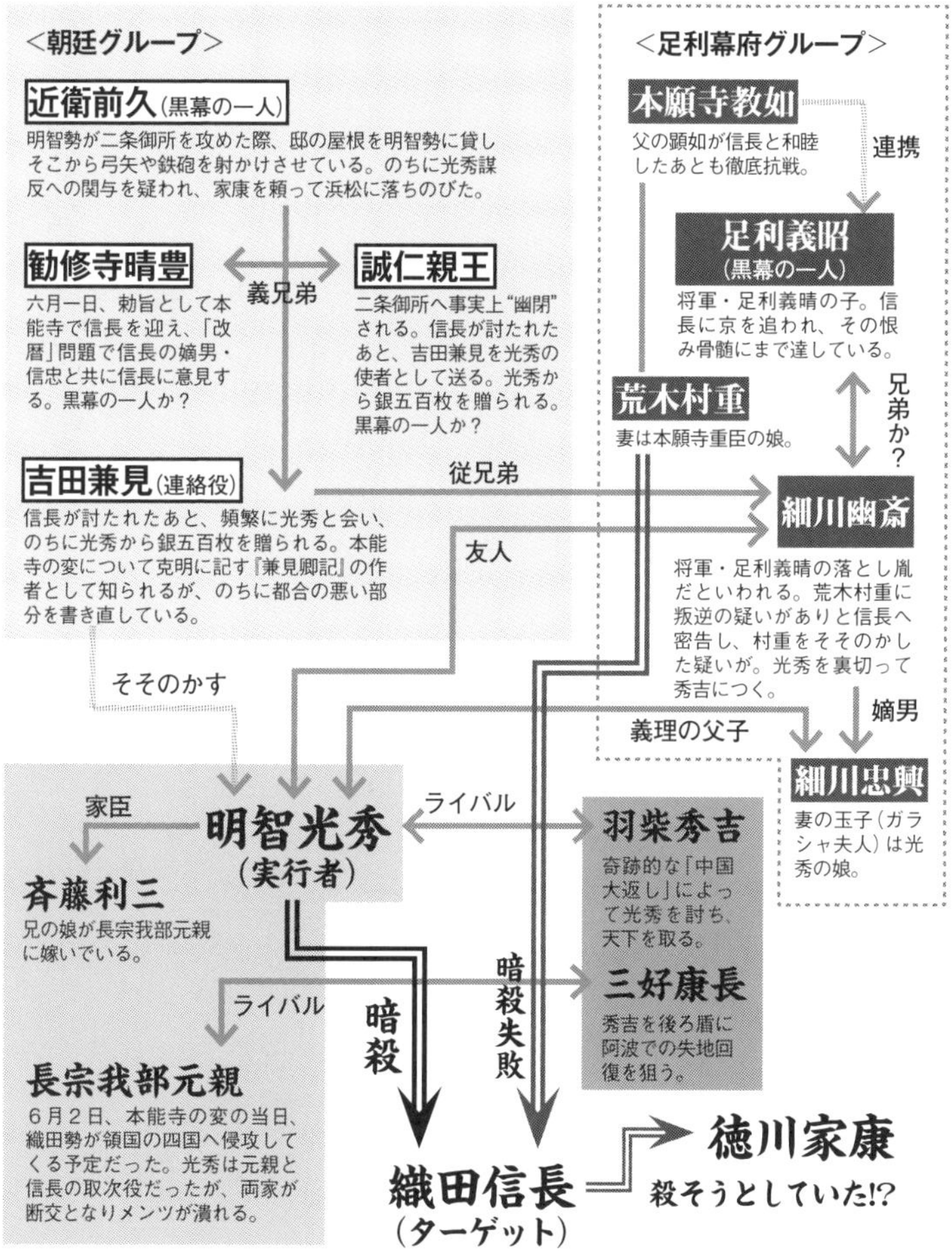

参考史料◉『陰徳太平記』

第3章

有名武将たちの「知られざる素顔」

正体不明の素浪人の国盗り物語は嘘!?

〝戦国乱世の象徴〟とされる北条早雲はれっきとした室町幕府の幕臣だった!!

下剋上と形容される戦国の世は、伊勢出身の素浪人（伊勢新九郎盛時＝のちの北条早雲）の登場をもって幕を開ける。

新九郎は、駿河の大名・今川義忠の側室（北川殿）となっていた妹を頼って今川家の食客となるや、妹の生んだ龍王丸（のちの今川氏親）を当主の座に据えることに成功する。そして、氏親に駿河興国寺城主（沼津市）の地位を与えられるや、たちどころに伊豆・相模の二国を平らげ、小田原城を拠点に戦国大名へと飛躍する。二代氏綱の時代に伊勢氏は鎌倉幕府の執権だった北条氏の名跡を継ぎ、五代にわたって関東に覇をとなえる——以上が戦国の風雲児といわれる新九郎の定説となっているストーリーである。

しかし、彼はどこの馬の骨とも知れない素浪人どころか、室町幕府の要職に就く幕臣だった。新九郎は、幕府政所執事として権勢を振るっていた伊勢貞孝の一族であり、備中荏原（三原市）の地頭（豪族）の生まれであった。八代将軍足利義政の弟義視に従って伊勢に下向したことを示す史料もあることから、新九郎は備中から上京したのち、九代将軍の座を足利義尚と争った義視に近侍していたのだろう。そののち妹の招きに応じて今川の家督騒動を治めるため駿河へ下向したのである。

つまり、新九郎は妹を頼って今川家へ押しかけたのではなかった。逆に今川家の氏親擁立派が、名門伊勢氏の流れを汲み〝将軍候補〟に近侍していた新九郎の人脈に期待して、家督騒動の調停役として招聘したのである。戦国の幕開けを告げた男は、由緒正しい幕臣だったのである。

参考史料◉『大日本野史』『鎌倉公方九代記』

漢字違いの人物を古文書で発見!!

武田信玄を支えた名軍師・山本勘助は虚構のキャラではなく実在していた!!

武田信玄と上杉謙信が激突した川中島合戦の「啄木鳥の戦法」や、信濃国戸石城攻めの「破軍建返しの策」。軍記の『甲陽軍鑑』には、武田信玄の名軍師・山本勘助（諱は晴幸、出家後は「道鬼斎」と号す）の活躍が描かれている。

しかし、この武田家の名軍師・勘助は小説や映画の中だけの「虚構の人」だとされてきた。

信玄の家臣・高坂昌信の実録戦記と言われた『甲陽軍鑑』が、明治以降は甲州流軍学の祖・小幡景憲による編纂であるとされるようになったため、山本勘助の存在が疑われだしたのだ。その編纂事情はこうだ。山本勘助という武士は実在したものの、実態は海津城主・高坂昌信輩下の身分低い一兵卒だった。その勘助の子が僧となり一兵卒だった父を軍師に格上げし、いわば捏造した覚書をもっともらしくみせるため、昌信が書いた実録軍記であることにして、甲州流軍学のテキストに編纂したのだという。

ところが、後年、「山本菅介」という武田家臣の名を記す古文書が発見されたのだ。しかも、この菅介は伝令の役目を担っていたことが判明する。伝令役は侍大将（将校）級の仕事であり、下級武士とは言えず、場合によっては大将に戦術を具申することもある立場だ。

我々が知る「勘助」と、字は異なるが、山本菅介という侍大将級の武将が信玄の家臣に実在していた以上、軍師としての役割を担っていたかはともかくして、勘助が『甲陽軍鑑』の中だけの「虚構の人」であったとは言えないのではないか。

参考史料●『甲陽軍鑑』『大日本野史』

『甲陽軍鑑』が事実を歪曲!?

川中島合戦「大将同士の一騎打ち」真相 信玄の相手は本当は謙信ではなかった!!

武田信玄と上杉謙信が、5度にわたり対峙したことで有名な川中島合戦。そのほとんどは睨み合いに終わっているが、永禄4年(1561)9月10日の第4次合戦だけは例外で、両軍合わせて7千という死者を出した戦国最大級の激戦だった。緒戦は軍を二手にわけた武田軍劣勢のままに展開する。信繁(信玄の弟)や諸角虎定らの重臣を相次いで失い、手薄となった武田本陣に謙信が突入し、床机に座る信玄へ三太刀振り下ろし、信玄は軍配でかわす……。これが有名な両雄一騎打ちの名シーンである。

のちに徳川家康の参謀となる天海は、この合戦を近くの山から見学していたという。後日、天海がこのことを信玄に告げると、信玄は顔色を変え、「謙信と太刀打ちしたのは私ではない。私の影武者だ」と吐き捨てたという。上杉方の史料は、このとき信玄と太刀打ちした武士の名を荒川伊豆守だと記録している。武田方にしてみれば、大将の信玄が格がぐっと落ちる荒川某に斬りかかられたとあっては、末代までの恥と考えたのだろう。そこで、武田方の史料である『甲陽軍鑑』に「相手は謙信だった」と書き加え、面子を保ったのだ。信玄・謙信の一騎打ちは、この日の戦いが激しかったことを伝える〝伝説〟だったのだ。

八幡原史跡公園(川中島古城場)にある両雄一騎打ちの像

参考史料◉『甲陽軍鑑』『史籍収攬』『上杉家御家譜』

徳川軍の別動隊に秘密あり…

長篠合戦で武田軍が敗れたのは織田軍の鉄砲隊が原因ではなかった!!

天正3年（1575）5月、徳川領の奥三河長篠城（新城市）を武田勢が攻めたて、その徳川勢の応援に3万の織田軍が着陣。このとき信長は主戦場となる有海原の前に南北3㎞にわたる陣地を築き、鉄砲3千挺を3段に備えさせた。

信長は、戦国最強とされた武田騎馬隊が突撃してきたケースを想定し、「敵が馬を乗り入れてきても、陣地まで100m以内に近づくまで鉄砲を撃つな。できるだけ引きつけておき、千挺ずつ一斉に放つのだ!」と命じる。鉄砲といってもこの時代は火縄銃だから、火縄に点火して実際に発射するまで30秒近く

鉄砲隊を駆使した画期的戦術とされるが…（長篠合戦図屏風＝徳川美術館蔵）

かかる。信長は、その弱点を克服するため鉄砲隊を千挺ずつ3段にわけ、代わる代わる一斉射撃を繰り返させたというのである。

しかし、実際の長篠合戦で信長が使用した鉄砲は「千挺ばかり」（『信長公記』）であった。定説は『信長記』の筆者・小瀬甫庵の脚色の可能性が高い。勝因は鉄砲隊ではなく、徳川の重臣・酒井忠次を大将とする徳川別働隊にあった。この別働隊は武田方の陣地の一つ、鳶の巣山砦を陥落させ、長篠城へ援軍を送りこむことに成功した。これによって武田勝頼率いる1万5千の武田軍は東西から挟撃される恐れが生じ、無謀な総攻撃を敢行してしまったのである。

火花散る「甲州流軍学VS越後流軍学」

信玄には軍師山本勘助がいたため対抗心から謙信にも名軍師が生まれた!!

信玄には山本勘助、一方の謙信には宇佐美定行という軍師がいた。その定行の軍師としての最大の功績は、謙信(当時は長尾景虎)のアキレス腱だった越後上田城(南魚沼市)主の長尾政景を謀略にかけ、葬ったことにある。謙信は政景に姉を嫁がせてなんとか服従させていたものの、政景とは父・為景の時代から敵対する関係にあり、いつ叛かれるか知れたものではなかった。

そこで、すでに高齢に達していた軍師・定行は、必死の策を講じ、永禄7年(1564)、政景を誘って野沢池へ避暑にでかけた。互いに遊覧が目的のため供廻りの者はごくわずか。船上で宴たけなわとなるや、定行は政景の腰帯へ抱きつき、政景もろとも池へ飛びこんだ。定行は、水中でもがき苦しむ政景を離さず、2人とも溺死したという。しかし、この話は史実とは考えにくい。

それ以前に、定行という軍師は実在せず、江戸時代成立『北越軍記』の作者（紀州藩士の宇佐美定祐）が枇杷島城（柏崎市）主の宇佐美定満をモデルにして、謙信の軍師に仕立てあげたものだという。

作者の定祐は、実在する定満の孫で越後流軍学の祖とされるが、当時、軍学といえば甲州流軍学を指し、「信玄・勘助」コンビが幅をきかせていた。定祐が越後流軍学を広めるには、どうしても勘助に並ぶ伝説の名軍師が必要だったのである。

宇佐美氏は鎌倉時代に伊豆国宇佐美郷（伊東市）に割拠していた豪族で14世紀半ばに越後へ入部したといわれる名門。定満は謙信の重臣の一人でもあったため、軍師のモデルに仕立てやすかったのだろう。

越後の厳しい環境を避け関東で越冬

関東管領を譲られ「義」に生きた謙信
関東出兵の目的は「義」より飢餓対策!?

誰よりも「義」を重んじる武将として知られる上杉謙信。ライバルだった北条氏康は「信玄と信長は表裏ある男だが、謙信だけは骨になるまで義理を通す武将だ。氏康が死ねば後事を託せる男は謙信だけであろう」と語ったという。

謙信は、下剋上で事実上の越後の守護となった長尾為景の四男。家督は兄晴景が継いだものの、暗愚ゆえに越後の国人衆（地元の豪族）らから見放され、謙信は彼ら国人衆に押されるかたちで兄から長尾家当主と春日山城主の座を奪った。下剋上の習いに従えば、このとき兄・晴景を切腹させるか放逐してもよかったが、謙信は兄の養子として家督を継ぐという策で落ちつかせた。

この温情ある措置が評判を呼び、天文21年（1552）には、氏康に関東を追われた上杉憲政（関東管領）が謙信を頼って越後に亡命してきた。その8年後、謙信は憲政をともない、関東管領を放逐した氏康を懲らしめるための〝義軍〟を挙げ、初めて三国峠（新潟・群馬県境の峠）を越えた。すると、関東の諸将は謙信の威風になびき、11万の大軍に膨れ上がった謙信の軍は、氏康の居城小田原を囲んだ。しかし天下の名城は簡単に落ちず、謙信は鶴岡八幡宮（鎌倉市）の社頭で憲政から上杉家の家督と関東管領職を譲られ、越後へ帰った。

このとき関東で冬を越した謙信。その後も、10回を超える関東出兵のうち8回は秋か冬に出兵し、関東で越冬している。二毛作のできない越後の兵たちは、ちょうど越後の村々が食糧不足に直面する時期に関東で越冬していたことになる。このため越後より豊かな関東への出兵には、越冬用に蓄えた関東の収穫物を収奪して飢えをしのぐ狙いがあったとも考えられている。


参考史料◉『名将言行録』『鎌倉公方九代記』

今川家の女帝として君臨!!

今川義元が「軟弱な武将」とされるのは〝強すぎる母〟寿桂尼のせいだった!!

桶狭間で信長に討たれた今川義元には、歯におはぐろをつけた公家のような武将というイメージがつきまとう。さらに大日本帝国参謀本部作成の『大日本戦史』によって「文弱的傾向があり、武勇に欠ける」と脚色されたこともあり、今日の軟弱な武将像が完成している。むろん駿・遠・三、三カ国の太守がそのような腑抜けにつとまるはずはないが、義元より一世代あとの武将（初代平戸藩主・松浦鎮信）が義元の容姿を「短足胴長」（『武功雑記』）であったと記すとおり、当時から勇猛な武将とかけ離れた印象だったのは事実かもしれない。

義元は桶狭間方面へ向かうため沓掛城（愛知県豊明市）から出馬した際には落馬し、そのあと輿に乗り換えたとされているところなど、軟弱と言われても仕方がない。実は、義元は決して暗愚な武将ではなかったものの、父親の氏親を早く亡くし、母・寿桂尼の強い影響下で今川家当主となったことが災いした。寿桂尼は大納言中御門宣胤の娘で病床の夫をよく補佐し、夫の死後、長男の氏輝が八代目当主を継ぐと、長男が成人するまで今川家の公的文書を発給するなど、事実上、今川家を切り盛りした。また、彼女は領国内の掟を定めた『今川家仮名目録』（分国法）の制定にも関与している。

一方の義元は4歳のときに仏門に入れられ、のちに義元の軍師となる太原雪斎を教育係として京の建仁寺などで学んでいたが、実兄・氏輝が早世したため、寿桂尼に京から駿河へ呼び戻され、還俗して当主の座にすえられた。寿桂尼は公家の出であったから、その縁で京から多くの公家が駿河へ下向し、和歌や蹴鞠の会が盛んに催された。義元は母親の強い影響下にあったのだ。

参考史料◉『大日本戦史』『武功雑記』『信長公記』

山崎合戦で死んでいなかったのか…

謎の石灯篭の寄進と長寿院の僧の仰天俗名
明智光秀は比叡山で天寿をまっとうした⁉

明智光秀は謎多き武将である。美濃守護土岐氏支流の出身で明智城（可児市）に生まれ、新しい美濃の国守・斎藤道三に師事したといわれる。そののち諸国遍歴の旅にでて、鉄砲の術をもって越前の大名朝倉義景に仕官。『明智軍記』には、光秀が義景の前で百発百中の腕前を披露したとある。しかし、朝倉家での奉公は長続きせず、朝倉家に寄寓していた足利義昭（のちの十五代将軍）とともに信長のもとへ奔る。その光秀最大の謎は、前述した信長誅殺の動機と、光秀自身の遺骸にある。

山崎合戦で秀吉に敗れたあと光秀は、小栗栖（京都市）で蜂起した一揆勢に竹槍で襲われ落命する。このとき光秀は供廻りの溝尾庄兵衛に「わしの首を打って京の知恩院へ葬るように……」といった。しかし、群がる一揆勢をかわせず、庄兵衛は光秀の首を近くの籔の中に隠し、逃げ落ちた。その光秀の首はすぐに見つかり、秀吉に献じられる。秀吉は胴体と首をわざわざ縫い合わせ、京の粟田口に晒したものの首は著しく腐敗し、判別がつかなかったという。

光秀が、山崎合戦の小栗栖で死なずに天海大僧正として後半生を生き、家康の参謀になったとする伝説は眉唾だが、光秀生存説は一蹴できないだろう。比叡山延暦寺に山崎合戦から33年たった慶長20年2月17日に〝光秀〟が寄進した石灯籠があるからだ。その〝光秀〟が同名の別人による寄進だとしても、その比叡山の坊院の一つである長寿院の僧の俗名もまた「光秀」なのである。その僧は元和8年（1622）に逝去している。この僧が光秀だとしたら、彼は当時としては異例の長寿（90歳程度）をまっとうしたことになる。

参考史料◉『明智軍記』『太閤記』

われに七難八苦に遭わせしめたまえ…

不屈の武将・山中鹿之助が挑んだ「180回便所駆け込み」脱出作戦

名将の誉れ高い山中鹿之助は、前立に三日月をあしらった兜を月にかざし、「願わくば、われに七難八苦に遭わせしめたまえ」と、祈願する姿が講談で語り継がれているが、実際はどのような武将だったのだろうか。

鹿之助の名が後世に鳴り響くのは永禄9年（1566）、主家の尼子氏が毛利氏に敗れ、居城・月山富田城（島根県安来市）を明け渡してから。当主の義久ら三兄弟は毛利の人質になったが、鹿之助は京の東福寺で出家していた勝久を還俗させ、尼子再興の軍を興した。尼子の遺臣らを糾合した鹿之助は、またたく間に旧領の出雲を席巻するが、毛利の大軍に布部山の合戦で敗北すると、勝久を京へ逃がし、自身は尾高城（米子市）に幽閉された。

そのとき鹿之助は下痢を装い、脱出する計画をたてる。鹿之助が腹痛を訴えると番兵は厠へいくことを許したが、もちろん厠の前には番兵が張りついている。しかし、そこから先は鹿之助と番兵との我慢くらべ。鹿之助は宵から明け方まで一晩に180回も厠へ駆けこみ、番兵たちは根負けしてしまった。厠の中で番兵たちが油断している気配を嗅ぎ取った鹿之助は、肥壷から汲み取り口を経て糞まみれになりながら脱出したのである。

月山富田城址内に建つ山中鹿之助像

　参考史料◉『陰徳太平記』『名将言行録』

石川兵助と桜井佐吉も活躍!!

秀吉お気に入りの小姓たちが大活躍!! 本当は九本槍だった「賤ヶ嶽七本槍」

秀吉の覇権を決定づけた賤ヶ嶽合戦は、余呉湖(滋賀県北部)を囲む秀吉方の陣地へ、柴田勝家方の猛将・佐久間盛政(勝家の甥)が猛攻を加えたことで、激戦の火蓋が切って落とされる。勝家に与する織田信孝(信長三男)の居城・岐阜城を攻めていた秀吉はこの急報に接し、北国街道を猛スピードで賤ヶ嶽(長浜市)まで駈け戻り、佐久間隊を逆襲した。このとき、賤ヶ嶽山頂付近の本陣で戦況を見守っていた秀吉は子飼いの小姓たちに「掛かれよ、兵ども!」と命を下す。戦後、秀吉は一番槍をつけた小姓らの戦功をたたえ、三千石の加増と感状を贈った――これが賤ヶ嶽七本槍のストーリーである。

ところが、『賤ヶ嶽合戦記』などの史料には、一番槍をつけた小姓として、石川兵助と桜井佐吉を含めて9人が登場する。加藤虎之助（清正）が山路将監と坂を転げ落ちながら首級を挙げる場面は後世に語り継がれる賤ヶ嶽合戦の名シーンの一つだが、意外にも真っ先に敵へ斬りこんだのは石川兵助という七本槍に含まれない小姓。ただし、このとき敵方の拝郷五左衛門に討ち取られてしまう。その仇を福島市松（正則）がとり、今度は宿屋七左衛門に、これまた七本槍に含まれない桜井武吉が突きかかる……。

「九本槍」が七本槍になったのは石川兵助が討ち死にし、桜井佐吉も合戦後すぐに病死したからという説があるが、彼らが奮戦した際には、すでに勝敗の決着はついていたとされ、秀吉の小姓売出し宣伝だったことが濃厚。加藤清正はそんな事情をよく理解していたからこそ、晩年は七本槍の話題を出されることをひどく嫌ったという。

参考史料◉『賤ヶ嶽合戦記』『太閤記』

西軍総大将の毛利輝元と合流を画策!!

関ヶ原合戦に大敗し逃げ回る石田三成往生際の悪さは「復活構想」があったから

慶長5年（1600）9月15日の正午すぎ、関ヶ原において西軍諸隊が一斉に潰走を始めた。石田隊壊滅のあと三成はただ一人、伊吹山の麓まで逃れ、それからしばらく、岩窟の中に身を潜ませていた。その間、居城の佐和山（彦根市）は落城し、留守を預かる兄の正澄は自害していたが、三成はなおも隠れ続けた。三成は合戦から1週間ほどたってようやく生け捕られるが、このとき、家康から三成の探索を命じられていた田中吉政の家臣（伝左衛門）を前に、なお「人違いだ」と抗弁する往生際の悪さをみせている。

やがて三成の身柄は、大津の家康の陣所に送られる。さすがに家康の側近・本多正純は三成の往生際の悪さを不快に感じたのか、「合戦に敗れて自害もせず搦め捕られたのはどうしたことか」と問い質した。すると三成は「汝が言うことは端武者の心がけだ」と一笑に付したという。そして10月1日、三成は六条河原で首を刎ねられるが、このとき喉が渇いた三成は警護の者に湯を所望した。すると警護の者は「湯はないが、ここに干し柿がある」といった。そこで三成、「あま干の柿（甘い干柿）は痰の毒なり。食すまじ」といった。死を目の前に臨んでなお〝生〟にこだわる三成の逸話としてよく紹介される話だ。

なぜ三成はこのように、あきらめが悪かったのか。彼が伊吹山山中を逃げまわっていたころ、ある構想を秘めていたからだ。三成は、西軍総大将として大坂城に入城していた毛利輝元と合流し、大坂城で豊臣秀頼と共に籠城しようとしていたようで、『武功雑記』によると、吉政の家臣に「大坂の城へ何卒入り候へば、いま一度かくのごとく催すべきを…」と、胸の内を打ち明けている。

参考史料◉『関ヶ原合戦始末記』『常山紀談』『明良洪範』『続・明良洪範』『武功雑記』

ダース・ベイダーのモデルにもなった!!
「伊達男」の語源とされる伊達政宗は本当にお洒落なイケメンだったのか!?

仙台藩62万石は、加賀藩（前田家）・薩摩藩（島津家）に次ぐ〝大藩〟。その初代、独眼竜こと伊達政宗の人気はいまや、信長をしのぐ勢いだ。その人気を読み解くキーワードは「伊達男」。だが、実際にはどうだったのか。

朝鮮ノ役の出陣の際、足軽に金色に輝く奇抜なトンガリ笠をかぶせ、その伊達勢の豪華絢爛な装束に京の町衆が感嘆し、「よっ、伊達男！」——そのときの掛け声がのちに、〝派手な衣装を好む者＝伊達者〟になったという説が流布されているが、それは誤り。政宗登場の以前より「男だて」という言葉があったからだ。しかし、政宗は正真正銘の〝だて者〟だったようだ。

こんな話もある。ある日、アメリカのハリウッド映画関係者から仙台市博物館に政宗所用の黒漆五枚銅具足の写真を借りたいという依頼があった。その具足が映画『スターウォーズ』に登場するダースベイダー卿の衣装のモチーフになった。政宗もまさか自分の甲冑がアメリカで〝スター〟になるとは思わなかっただろうが、まさに伊達男の面目躍如といったところだろう。

その政宗、幼いころに疱瘡を患い、右目を失ったことに生涯負い目を感じ、死に臨んで「自分の肖像には必ず両目を入れよ」と遺言したと政宗の一代記は伝えている。しかし、発掘された遺骨から政宗の容貌が復元されており、顔は面長で鼻筋が通り、いまでいうイケメンの要素を兼ね備えている。さらに骨格からは、身長約160㎝（当時の平均）、血液型B型、骨太という美丈夫ぶりが窺える。まさにイメージ通りの人物だったわけだ。謀略の限りを尽くし、強かに戦国の時代を70歳まで生き抜いた政宗はやはり、只者ではなかった。

参考史料◉『伊達治家記録』

全国の〝同士〟がこぞって伊達領に移住!!

黄金製のロザリオに改宗を宣言した記録…
政宗は「隠れキリシタン」の親玉だった!!

戦国の暴れん坊の伊達政宗は、実は敬虔な切支丹（キリシタン）信者だった可能性がある。仙台市内にある政宗・墓所（瑞鳳殿）の発掘調査によって、30数点の副葬品の中から黄金製のロザリオ（キリスト教徒が用いる数珠）が確認されているからだ。ただ、当時は南蛮文化が武将の間に大流行し、ロザリオはアクセサリーの一種として使われていた。〝だて者〟の政宗がファッションとして身につけていた可能性もある。また、政宗が遣欧使節団を派遣した際、スペイン副国王へ宛てた親書に「（宣教師ソテロから）初めてその道を聞き、神聖にして真の救いの道なりと判断したり」とある。ただ、これは外交文書であり儀礼的な意味があるから、政宗がキリシタン信者だった証拠とはならない。

しかし、たまたま遣欧使節団に途中から同行したイタリア人歴史家の随行記に、鉄板の証拠といえそうな記述がある。政宗は「予（政宗）は人間の尊厳と崇高さを初めて知った」とキリスト教への傾倒ぶりを示し、そのあと、釈迦や阿弥陀を憎悪するセリフを並べているのである。御屋形様がそうなのだから、家臣も領民もキリシタンは多く、中でも鉄砲隊の隊長だった後藤寿庵は、ローマ法王庁へ信仰の証しとして奉答文を捧げるほどの熱心な信者になった。ちなみに、幕府によるキリシタン弾圧が強まった際、政宗はこの寿庵逮捕のために屋敷へ軍勢を差し向けることを装い、彼を逃がしている。

政宗を慕い日本全国から集まってきた〝隠れキリシタン〟の里が今なお、宮城県内には点在している。大郷町にある寺の観音像などは、〝マリア観音〟と呼ばれている。東北の〝だて男〟は、隠れキリシタンの親玉だったようだ。

参考史料◉『シマンカス文書館文書』『シピオーネアマチ　伊達政宗遣欧使節記』

才気活発でイケメンだが恐妻家…

「愛」に生きた上杉家の名宰相・直江兼続が42歳のときに書いた「熱烈ラブレター」!!

上杉景勝を支えた名宰相・直江兼続。NHK大河ドラマの主人公にもなり、戦国ファンには根強い人気を誇る。そんな兼続の性格を知る手がかりとして、伊達政宗との次の逸話がある。秀吉存命のころ、京の聚楽第に全国の大名が一堂に会したおり、政宗は当時珍しかった小判を懐から出し、大名らに見せびらかせていた。大名らは順番に手に取って小判を眺めていたが、景勝の番になると傍らの兼続がさっと扇子で小判を受けとめ、扇子の上でひっくり返し始めた。景勝は政宗に遠慮して「これ、何をする…」とたしなめたが、兼続はかまわず

「殿、武士の右手は采配を握る手。このような不浄なものに触れるわけにはまいりません」といい放ち、ポーンと扇子上の小判を政宗に投げ返したのである。

だが、その一面彼は大変な〝恐妻家〟であり、生涯妻のお船の方を愛し続けたとされる。妻は養父直江景綱の娘。3歳上で、しかも前夫を亡くした未亡人だったが、お船を娶って上杉家重臣の養子となった兼続にとって、不倫や浮気は許されなかったのかもしれない。参考史料から兼続が側室を置いたという事実は窺えないものの、兼続は才知溢れる長身の美男子である。本人はともかく、周りの女がほってておかなかっただろう。

歴史家の渡辺三省氏も指摘されているように、兼続が遺した詩篇から〝第二の女性〟への思いを読み解くことができる。その詩そのものがラブレターであった可能性も否定できないのだ。とくに彼が42歳のときに書いた『逢恋』と題する詩の〈…邂逅し相逢ってこの生を慰む。私語して今宵別れて事なし…〉というくだりからは、たしかに哀切とした兼続の恋情が読み取れる。

参考史料◉『藩翰譜』『常山紀談』『米沢雑事記』

信長が広めた〝噂〟が独り歩き!!
東大寺を焼き払った「天下の悪人」とされるも…戦国最恐の梟雄とされる松永久秀は冤罪だった!!

いつの時代も、いったん広まってしまった噂を否定するのは大変なようだ。松永久秀が信長に〝三大悪事の主犯〟だと面罵されたとき、否定しなかったことが運の尽きだ。久秀の「三大悪事」とは、①主家の三好家乗っ取り②足利将軍義輝弑逆③東大寺大仏殿焼き打ちであるが、とくに東大寺大仏殿焼亡については、史料から久秀主犯の手がかりはない。冤罪が濃厚なのだ。

信長が上洛を遂げる1年前の永禄10年（1567）、このころ畿内の覇権をめぐり、久秀は三好三人衆と戦いを繰り広げていた。その年の10月、三好方は久秀の居城・多聞山城（奈良市）を攻め、東大寺の大仏殿に陣をしいた。『足利季世記』によると、「松永衆、多門（聞）城より打ち出て日々、鉄砲競り合うばかりなり」と記され、戦線は膠着。その戦線がうごいたのは10月10日になってからだ。亥の刻（午後10時ごろ）、「松永弾正（久秀）、大仏殿にありし三好方へ夜打を打ちける」。この松永勢の夜討ちに三好方は慌て、逃げ始めた。

その敗兵を追い、松永勢は敵の武将7名の首を挙げ、雑兵３００余人を討ち取った。そういう混乱の中、三好方の失火によって大仏殿が焼亡したことが『足利季世記』に記される。「三好衆の小屋、大仏殿を形とり、菰を張りて立つ」、つまり、三好勢は大仏殿の周囲に菰を張りめぐらせていたが、混乱の中で三好兵の誰かが誤って火をつけてしまい、「軍（いくさ）の最中なれば消さんとする暇なく堂中に燃え出て」焼失してしまったのだという。しかも、宣教師ルイス・フロイスは、三好方の失火どころか、三好兵の一人が意図して大仏殿に放火したという話を記している。大仏殿焼失の責任は三好方に帰すべきだろう。

参考史料◉『足利季世記』『ルイスフロイス　日本史』

逃げ出す将兵を見かねて大暴れも…

戦国の快男児&傾奇者〝花の慶次〟こと前田慶次は古希を過ぎた老人だった!!

胸のすくような豪傑&快男児にして、奇行で世間を賑わす〝傾奇者〟――戦国の世を自由奔放に生きた武将が前田慶次（諱は利益）のイメージだ。隆慶一郎氏の小説『一夢庵風流記』で世に知られ、漫画やパチンコのイケメン・キャラクターとして一躍有名になった。

父は滝川一益（のちの信長の重臣）の一族（一益の兄か弟といわれる）。その父親と死別したためかどうか詳細は不明ながら、慶次はのちに尾張荒子（名古屋市）の城主だった前田利久の養子となる。しかし、養父・利久は病弱で、仕えていた信長に家督を弟の利家に譲るように言われ、慶次と城を出る。しばらく消息は不明となるものの、利家が能登の七尾城主だった時代、養父と共に利家の城で厄介になったと考えられる。さらに秀吉の天下が定まった天正18年（1590）頃、叔父・利家のもとを出奔。上杉家の宰相・直江兼続の知遇を得て上杉家に仕える。そして、〝奥州の関ヶ原〟ともいわれる長谷堂城（山形市）の合戦で勇名を馳せる。しかし、前田家側の史料によると、慶次は慶長10年（1605）、73歳で没したことになっているから、長谷堂城からの退却戦で活躍したころは、そろそろ古稀（70歳）を迎えようという年。

『常山紀談』によると、その合戦で上杉軍の殿軍を務めた直江兼続が逃げ出す将兵をみて、怒りを露わにしたとき、異装の老人がその馬前に立った。黒い物具に猩々皮の陣羽織、金の瓢箪付きの数珠を襟にかけ、山伏頭巾をかぶった慶次である。慶次は鉄砲の銃弾が飛び交う中、自慢の朱柄十文字の槍で奮戦。見事、敵の鉄砲隊を退けたという。

参考史料◉『加賀藩史料』『常山紀談』

完全に架空なのは猿飛佐助のみ!!

戦国乱世で大活躍した異能のスーパーヒーロー「真田十勇士」は少なくとも3人は実在していた!!

真田幸村の活躍が活写される『難波戦記』や『真田三代記』は、いわば江戸時代初めの歴史小説。それらをタネ本にしたのが明治に刊行された『立川文庫』であり、そこで脚色が加えられた。その最たる例が真田十勇士――猿飛佐助＝信州鳥居峠で六勇士を打ち負かし、幸村と主従関係を結ぶ甲賀忍者。霧隠才蔵＝佐助に誘われ、幸村の鞏下になった伊賀忍術の名人。三好清海入道＝怪力自慢の巨漢坊主。三好為三入道＝山賊出身の暴れん坊で清海の弟。由利鎌之助＝くさり鎌の名人。根津甚八＝熊野海賊出身。筧十蔵＝仇討志願で火縄銃の名人。

穴山（岩千代）小助＝幸村に容姿がそっくりで影武者をつとめる。海野六郎＝幸村の参謀格。望月（主水）六郎＝留守居役的存在――である。

十勇士の中で完全に架空の人物だといえるのは佐助。この佐助を除く9名が『真田三代記』で活躍しており、中でも望月六郎は「真田七人の影武者」の1人（望月六郎兵衛村雄）として描かれている。この計9名のうち、才蔵は同書に鹿右衛門として登場するが、のちの十勇士「才蔵」とはキャラが異なる。

一方、実在するのは清海入道（三好政康）と為三（同政勝）兄弟。とくに清海入道は大坂ノ役で豊臣方の武将として討ち死を遂げる。しかし、実在するというだけでこの2人が幸村と関係していたという史料は見当たらない。ただし、『真田三代記』は歴史小説とはいえ、史実も含まれている。真田一族の「海野」姓や「望月」姓を持つ〝2人の六郎〟は実在の可能性が高く、筧十蔵のモデルとされる筧十兵衛は『真田三代記』に幸村の父・昌幸の代から仕える家臣として描かれている。十勇士のうち、少なくともその3人は実在したといえよう。

参考史料◉『真田三代記』『立川文庫』

酒造店の店主として76歳まで生きた⁉

家康を追い詰めた真田幸村は「大坂ノ役」で死なず⁉「薩摩逃亡や秋田潜伏」が言い伝えられていた‼

大坂ノ役で家康の心肝を寒からしめた真田幸村だが、手傷を負い、疲れ果て休んでいるところ、不意をくらって首を打たれたとされている。しかし、幸村には「生存説」が根強い。秋田の大館の「信濃屋」という酒造店の旧記などによると、幸村は乱後、僧に化けて諸国を行脚。最後は出羽の大館に落ちついて酒造店を営み、寛永18年（１６４１）、76年の生涯を閉じたという。

江戸中期の作家・上田秋成は、女中から聞いた話として、幸村と主君の秀頼らは、薩摩が大坂城内に送った歩卒に変装して脱出したという。この主従の薩摩逃亡は『真田三代記』にも掲載され、幸村は薩摩へ逃れた翌年、秀頼に看取られ死んでいくドラマチックな結末となっている。このほか、薩摩逃亡説は、戦国時代から江戸中期に至る逸話を集めた『甲子夜話』などにも載り、現地の伝承によると、幸村は芦塚左衛門と名を変えて鹿児島県旧頴娃《えい》町（現・南鹿児島市）の雪丸に潜伏。現地の娘との間に子が生まれ、その子孫はやがて名字帯刀を許されて「真江田《まえだ》」姓となり、その子孫が幸村の薩摩逃亡説について詳細なレポートを発表している。さらに、薩摩から諸国を行脚して大館にたどりつくという説もある。幸村の死はいまだ謎に包まれているようだ。

真田信繁(幸村＝上田市立博物館蔵)

参考史料◉『信濃屋旧記』『肝大小心録』『真田三代記』『甲子夜話』『島津外史』

明軍からも「鬼」と恐れられた男

顔色変えずに火中の火箸を拾い上げる…本当にあった!!「猛将・島津義弘」伝説

鎌倉時代から続く名門の島津家は16代当主・義久の時代に大きく飛躍する。のちに秀吉に従うものの、龍造寺隆信や大友宗麟を降し、いったんは九州全土をほぼ制覇した。その義久には、3人の弟がいて、次弟・義弘と末弟・家久の武勇は天下に鳴り響いていた。中でも次弟・義弘は〝九州の桶狭間〟といわれる木崎原合戦（宮崎県えびの市）において、わずか300の寡兵で10倍の日向佐土原城主・伊東義祐の軍勢を粉砕している。このとき義弘が用いた軍略は、島津勢が得意とする〝釣り野伏戦法〟。義弘が指揮する本隊200が川内川を渡河し、まずは伊東軍に襲いかかった。すると、義弘の首めがけ敵は殺到する。大将自ら囮となったのだ。義弘は敵を引き付け、退却を始める。こうして相手を釣り出しておき、伏兵に背後を突かせ敵を包囲して殲滅した。

義弘は朝鮮ノ役でも明軍を散々に打ち破り、『征韓録』によると、首38717を討ち取って、明軍から「鬼の石曼子（しまんず＝島津）」といわれて恐れられた。また、関ヶ原合戦で西軍が大潰走を始めたときに逃げ遅れた義弘は、唯一の逃げ道である伊勢街道方面に向かうため、躊躇なく敵陣中央突破を敢行した。まさに武勇の人だが、義弘の小姓らが囲炉裏端で火箸を火の中で焼いて遊んでいたときのこと。義弘がやって来たので小姓たちは慌てて火箸を灰の中にとり落とした。すると義弘は直にその火箸を拾い、顔色一つかえず、静かに灰の中に突き立てたという。義弘があとで家臣の一人に「小姓どもは悪いことばかりして手を焼かせおる」とこぼし、手の平をその家臣にみせた。すると手の平は真っ赤に焼きぶくれていたという。あっぱれな豪の者である。

参考史料◉『征韓録』『武功雑記』

三矢の訓、百万一心だけじゃない!!

謀略によって中国地方を統一した毛利元就 家臣の忠誠心を一気に高めた「人心掌握術」

安芸吉田（安芸高田市）の地方豪族にすぎなかった毛利元就が中国地方を平定できたのは、ひとえにその謀略の凄まじさにある。戦国きっての智将といわれる元就の謀略が冴え渡ったのは、天文20年（1551）の厳島合戦。元就は、中国地方の大大名であった大内義隆から家を乗っ取った陶隆房の2万余の大軍を、わずか4千の兵で破る。この奇跡的な勝利によって一気に中国地方での覇権を得ることとなった。

その元就が用いたのは「誘出の計」。陶軍を厳島におびきだし、奇襲攻撃によって一気に勝負をつけようとしたのだ。そのため、厳島の要害に城（宮尾城）を築き、敵方の間者（スパイ）が毛利家中に入りこんでいることを逆に利用した。元就は「隆房が瀬戸内海を渡って攻めて来たら、とても耐えられまい」と、わざと弱音を吐いてみせ、ほかにも毛利勢が陶軍の渡海を恐れていると思わせる偽情報を次々に流したのだ。

罠にかかった2万余の陶軍が海を渡り、元就の思惑どおり宮尾城を囲んだ隙に、厳島への渡海を強行し、ひそかに陶軍の背後に上陸することに成功。毛利軍は敵の意表をつき、壊滅させることができた。

元就はこうした謀略に長けた武将だったが、「三矢の訓（おしえ）」や「百万一心」の美談など、人心掌握に秀でた武将との評も数多い。晩年の逸話だが、岩木道忠という家臣が敵の毒矢を左腿にうけたことがあった。それを見た総大将の元就は何の躊躇いもなく、自ら道忠の傷口にかぶりつき、膿を吸い取った。その迅速な処置が功を奏し道忠は一命をとりとめたという。道忠が感涙にむせび、主君への忠誠を誓ったのは言うまでもない。

参考史料●『名将言行録』

織田家復興を諦めなかった!!
野心なく生涯忠実に信長に仕えた名将
秀吉に「癌の肉腫」を送りつけた丹羽長秀

〽木綿藤吉、米五郎左、掛かれ柴田に退き佐久間

信長が存命の頃、巷で「織田家四将」の性格をよく表す唄が流行した。木綿に喩えられた藤吉（秀吉）はなんにでも使える芸達者で、五郎左（丹羽長秀）は米と同じだという。決して目立たないが、米がなくては生きていけないからだ。この喩えは言い得て妙。とくに長秀はその喩えどおりの徹底した〝脇役人生〟を歩んだ。

秀吉が柴田勝家と雌雄を決した賤ヶ嶽の合戦でも抜群の〝名アシスト〟の役

に徹した。柴田方の佐久間盛政（勝家の甥＝母が勝家の姉）が秀吉方の陣地へ猛攻をかけていると聞いた長秀は、琵琶湖に望む居城の坂本城（大津市）から海路急いで賤ヶ嶽（湖北）へ向かった。このアシスト（援軍）によって、陥落寸前だった秀吉軍の諸陣地は息を吹き返し、そこへタイミングよく大垣から秀吉軍の本隊がUターンしてきたため、柴田軍を壊滅させることができたのだ。

この戦功により、長秀は勝家の居城北庄城（福井市）と越前一国・加賀二郡を与えられた。しかし長秀は心から秀吉を信奉していたわけではない。秀吉が信長の嫡孫三法師を推戴していたからであり、長秀はバカ正直にも秀吉に織田家再興の望みを託していた節がある。その証拠に、秀吉の天下がほぼ確定した天正十三年（1585）、長秀は抗議の意味で割腹して果て、自ら肉腫を抉りだし、遺書とともに秀吉へ送りつけたと伝わる。長秀は晩年どうやら胃ガンを患っていたらしく、その肉腫（ガン細胞）は「形状石亀に似てくちはし鳥のごとく、背中に刀のあたりたるあとあり」と『寛政重修諸家譜』は記している。

参考史料◉『大日本野史』『寛政重修諸家譜』

秀吉の小姓から大出世し関ヶ原に散る…

義と友情に生きた悲劇の名将・大谷吉継
伝えられる「生涯唯一の汚名」の真相

大谷吉継ほど友情を重んじた武将もいない。関ヶ原合戦の際、家康の呼びかけに応じて東国へ下向する途次、美濃垂井宿に着陣した吉継は、佐和山城（彦根市）で蟄居中の友・石田三成から家康追討の密議を持ちかけられる。初めは三成の計画を暴挙だとして翻意させるべく説得したが、生涯の友に「ともに死んで下さらんか」とまでいわれたら男として決意せざるを得ない。死を覚悟した吉継は関ヶ原で家康と戦い、潔く自害して果てた。

その友情に篤い吉継の出自については諸説あって定まらないが、『校合雑記』

ほかの記述により、母は大政所（秀吉生母）の従姉妹（秀吉の正室に仕えた「東殿」）とする説が有力になっている。その東殿を秀吉の側室とする説もあり、そこから吉継を〝秀吉の隠し子〟だったとする説もあるが、詮索はさておいても、秀吉の〝引き〟があったことは事実で、三成らと共に奉行職に就き、やがて越前敦賀で5万石をたまわる。

しかし、そんなエリートの吉継にも汚名が伝わる。天正十四年（1586）二月というから、すでに吉継が従五位下刑部少輔に叙任されてほぼ半年後のこと。大坂城下で大勢の人夫風情の者らが何者かによって惨殺される事件が続いた。その容疑者として浮上したのが吉継。なぜなら「悪瘡気につきて、千人殺してその血をねぶれば彼の病、平癒する」（『宇野主水日記』）という噂が流れたためであった。たしかに吉継は悪瘡を病んでいた。しかし、吉継ほどの男が、まさか自分の病のため〝千人斬り〟をしていたとは思えない。おそらく彼の出世を憎む輩が、彼を下手人だと思わせるデマを流したのだろう。

参考史料◉『慶長見聞書』『校合雑記』『宇野主水日記』『関ヶ原御合戦当日記』

「来世は男に生まれ変わり、敵に一矢報いる」
北条家の大軍が押し寄せるも臆せず奮戦!! 由良家の危機を救った〝戦国の烈女〟妙印尼

その名を妙印尼。上野国金山城主（太田市）由良成繁の未亡人。知る人ぞ知る〝戦国の烈女〟である。天正12年（1584）の正月、北条氏直（北条家五代目）が金山城を手に入れようと奸計を用い、由良国繁（妙印尼の嫡男）に「由良家が下野を攻め取るつもりなら北条家が後詰仕る。事前に打ち合わせしたい。ぜひ小田原へ…」と言葉巧みに誘った。そして、その言葉を信じて小田原までやって来た国繁をあっさり幽閉してしまう。抗議する由良方に氏直は、「城主を返してほしかったら、重臣以下ことごとく金山城を退去すべし」と容赦しない。もちろん由良方は怒り、ついに小田原と手切れとなった。

2月18日、北条の大軍が金山城を包囲した。このとき妙印尼は「皆が城を堅固に守り抜く志を持っていないのなら、私はいまここで潔く自害し、必ずや来世には男として生まれ変わり、敵に一矢報いる覚悟」といって家臣らを奮い立たせた。攻防戦が始まると、地形を活用し敵の猛攻を防ぎ、北条方に大きな損害を与えたが、奮戦虚しく、金山城は人質となった城主・国繁の命と引き換えに開城となり、金山衆は城を明け渡して柄杓山《ひしゃくやま》城（群馬県桐生市）へ引き移ることとなった。

それから5年――天正17年（1589）の秀吉による小田原征伐の際、城主の国繁は北条の与力として小田原に詰めさせられたが、妙印院は孫や一部の家臣を引き連れて柄杓山城を抜け、豊臣方についた。戦後、その功が秀吉に認められ、由良家は常陸牛久に所領を与えられ、徳川の時代を旗本として生き、明治を迎える。〝戦国の烈女〟が由良家の危機を救ったのである。

参考史料◉『上州金山軍記』『由良文書』

戦国コラム

戦国時代の主役「下剋上大名」たち

主君を討ち滅ぼしてでも成り上がる——戦国乱世を象徴する言葉が、「下剋上」だ。下剋上大名といえば、まず、油売り商人から美濃の国主となった斎藤道三である。木の枝に吊るした一文銭を三間半の槍で突く芸の巧みさが美濃守護土岐家の重臣長井長弘の目にとまり、土岐頼芸に仕えたものの、主君の頼芸に讒言して大恩ある長弘を上意討ちにし、信頼されていた頼芸をも容赦なく美濃から追放。その悪逆ぶりから、〝蝮の道三〟と呼ばれた。

近畿では摂津高槻城主和田惟政に仕えていたが、主家を乗っ取った高山重友（通称右近）、北信越では上杉謙信の父長尾為景が越後守護上杉房能を攻め殺している。関東では横瀬貞氏（のちに由良氏を称する）が主君の岩松昌純から上野国金山城（太田市）の実権を奪った。中国では周防の守護大内義隆が守護代の陶隆房に討たれる事件が起きている。九州では肥前の大名竜造寺隆信の重臣だった鍋島直茂が隆信の死後、禅譲を受ける形で下剋上が行れた。

第4章

信じられない!! 戦国時代の「ウソホント」

宣教師ルイス・フロイスは見た!!

「乱坊取り」か南蛮人に売り飛ばされる…〝戦争奴隷〟がたどった過酷すぎる運命

外国人宣教師のフロイスは、戦国時代の過酷な奴隷売買の現実を記している。〝九州の天王山〟といわれる耳川の合戦で大友氏が薩摩の島津義久に大敗すると、本拠の豊後国そのものが島津軍の侵攻に晒され始める。天正14年(1586)、九州平定の軍を挙げた島津軍は本格的に豊後へ攻め入り、「おびただしい数」とフロイスが記すほどの非戦闘員を奴隷として売り飛ばしたという。戦国の世は人身売買がまかり通っていた時代とはいえ、契約に基づく人身売買とは訳が違う。このとき、いかに豊後の民衆が悲惨な末路を辿ったかを述べる前に、まず近江国下坂（長浜市）であった話を紹介しておきたい。

飢饉による窮乏で日々の糧にも困った母親が地元の土豪へ、9歳になる「せかれ（倅《せがれ》）午之助」を「進上仕りたく申し上げ候」という証文を差し出したのである。これで午之助は土豪の奴隷（下人）となるが、裕福な家で暮らせるから飢饉になっても食べるには困らない。そう思った母親が泣く泣く、可愛い盛りの息子を奴隷に差し出したのだ。この場合、両者が合意のもとで人身売買契約を交わしたことになるが、〝戦争奴隷〟の場合は容赦なしだ。

フロイスによると、島津軍によって拉致された戦争奴隷は、まず肥後の国で売り払われ、そこでは彼ら奴隷にとってより過酷な運命が待ち受けていたという。肥後で買い手のつかなかった奴隷たちは島原半島の高来（長崎県諫早市）へ連れていかれ、そこで二束三文の値段で南蛮人に叩き売られたという。

合戦で「奴隷狩り＝乱坊取り」にあった女や子どもは、将兵の略奪の対象になるか、南蛮人に売り飛ばされる過酷な運命を辿ったのである。

　参考史料◉『ルイス・フロイス日本史』『下坂文書』

南蛮貿易で得た資金を投入!!

農民から土地を買い漁る不動産ビジネス 千利休は「戦国時代のバブル紳士」だった!!

戦国時代の国際貿易港・堺の商人たちは、南蛮貿易によって得た資金を周辺の農村に投入し、土地を買い漁っていた。

田畑には、土地を耕し、米や作物を収穫する農民は収穫物の中から年貢を領主へ納めていたが、この時代、貧しい地方や飢饉の際を除くと、年貢や自分たちの生活費を差し引いても、農民の手元に余剰が生じるほど生産力が向上していた。

「バブル商人」たちはそこに目をつけた。その余剰分を地代（加地子《かじし》斗代《と》と呼ぶ)としてピンハネする権利を地侍から買い取ったのである。しかも、その地代は年々高騰していった。商人たちは土地を購入して、毎年、農民から地代を徴収していたが、初期に投資した土地買いつけ代金はわずか5年で回収できた。わずかな期間で元が取れるのだから、この時代の不動産投資は極めておいしい商売だったのである。

土地転がしで富を蓄えていた千利休

我孫子屋という堺の商人がこうやって摂津の国で土地と富を集積していた話は有名だが、堺の豪商の生まれである茶人・千利休と武野紹鷗も例外ではなかった。利休は百舌鳥や深江(いずれも堺市)など和泉国内に土地を持ち、地代を稼いでいた戦国時代の「バブル紳士」だったのだ。

自前の風呂を持つようになったのは戦後

すでに南北朝時代に京で流行…戦国時代にも「銭湯」があった!!

湯船に浸かって一日の疲れを癒す。日本人にとって、この習慣は今も昔も同じ。とはいえ、現在のように内風呂が普及したのは戦後になっての話。江戸時代には豪商といえども銭湯を利用していた。それではいつ頃、銭湯が誕生したのだろうか。江戸時代の戯作者・山東京伝の随筆によると、天正19年(1591)の夏頃、伊勢与一という者が江戸の銭瓶《ぜにがめ》橋(千代田区)の畔に「せんたう風呂一ツ立る」とある。まだ江戸のあちらこちらで普請のための槌音がしていた時代だったから、人足や大工らが一日の汗を流しに銭湯へ通っていたのだ。入浴料は永楽銭一銭。「皆人めづらしき物かなとて入給ひぬ」とあり、この〝一銭銭湯〟が評判となり、江戸の町ごとに銭湯ができるようになったと記している。しかし、銭湯の歴史そのものはもっと時代を遡るようだ。

南北朝時代の延文5年（1360）、「当時はやく京都の町に、風呂屋ありて」、湯女もいたと件の随筆にみえ、次いで足利義政の時代に書かれた公家（中原康富）の日記に「銭湯に入るべしの由、同道す」と記されている。戦国乱世が始まる頃、京に銭湯があったのは間違いない。

この時代、生活に困窮していた公家は、各自薪を持参して湯屋のある知り合いの公家の屋敷で入浴させてもらうか、銭湯へ行くしかなかったのだ。武士も屋敷に湯屋を持つのは上級武士だけ。応仁の乱のころ、足軽たちは銭湯で敵味方の区別なく、これまた裸のつきあいをしていたという。このほか、寺院にはたいてい僧が潔斎精進するための浴堂（湯屋）があり、参詣に訪れた庶民に浴堂を無料で開放していたという。

参考史料● 『骨董董集』『康富記』

戦国アンダーグラウンドの真実!!

乱世には大名に雇われ非合法活動に従事!!
天下統一後は「裏社会」を牛耳った「スッパ」

戦国の裏社会を牛耳る者たちは「スッパ」、漢字で書くと「素っ破」と呼ばれた。〝スッパ抜き（＝スクープするという意味）〟には「刃物を不意に抜く」という意味があり、スッパが乱暴な人たちであったことがよく分かる。辞書には「野武士・野盗出身で間者（スパイ）を務めた」などと記されている。

スッパはラッパ（乱波）とも呼ばれ、忍者の集団もこの中に含まれるが、もともとは盗みや女性の誘拐、毒薬の売買や人殺しに手を染める悪党集団だった。彼らを大名たちが捕え、命と引き換えにスッパに仕立てたという話や、さらには野武士・野盗集団を大名がそっくり雇い入れたという話もある。

たとえば肥後の大名・相良氏は法度の中で夜討ちなどの行為を禁じているが、城主の判断で非合法活動が認められるという例外規定を設けており、相良氏がスッパを使い、敵方の攪乱や破壊工作、さらには情報収集に重用していた姿が浮き彫りになっている。しかし、乱世の時代に必要悪とされた彼らも、秀吉によって天下が統一されると、無用となる。悪党どものほかにも戦国時代には食い扶持を求めて農民らが大名の傭兵となっており、職を失くした傭兵や悪党に戻ったスッパが巷には溢れ返っていた。

秀吉は天正18年（1590）、浪人停止令を発令し、彼ら浪人を「相払わるべき事」、つまり追放しろと村々に命じ、彼らは村を追われて、無宿人や侠客（ヤクザ）、的屋（テキヤ）になっていった。江戸時代にテキヤの親分をヤシ（薬師）と呼んだが、元来、ヤシは野武士の野士（やし）であり、戦国時代、野武士らが毒薬の売買に関係していたことも、その名の由来になっているという。

太閤秀吉も好んで食べた!!
戦国時代に珍重された精力増強食材は「スッポン」と「トラ」だった!!

医食同源という教えが定着した現代の日本において、精力の源でもあるとして珍重されているのがスッポン。意外に日本人とそのスッポンとの関係は長く、すでに幕末の頃には養殖が始まっているが、戦国時代の武将たちもスッポンを食べていたことが分かっている。

戦国武将・荒木村重の居城として知られる有岡城（兵庫県伊丹市）の堀跡から、スッポンの腹部のものとみられる骨が発掘されたのである。骨と一緒に唐津焼の食器なども見つかっており、骨が出土したのは、城の本丸を防衛する上で重要な堀跡。つまり、城主の調理人らが厨房から出た生ごみ（スッポンの骨）と不燃ごみ（食器）を堀の中に投棄していたとみられ、骨が発掘された堀跡はいまから400年以上前の遺跡だと推定されることから、当時、城主だった荒木村重その人がスッポンを好んで食べていたと考えられる。

一方、意外なところではトラが長寿に効果があるとみられていたようだ。秀吉は朝鮮出兵中の諸将に「虎頭」の献上を命じている。文禄2年（1593）11月11日付で秀吉が朝鮮駐留中の鍋島直茂に宛てた書状に「虎頭」「虎肉」「虎肝」の献上を喜ぶくだりがある。秀吉は、できるだけ長寿を保とうと、トラの頭・肉・肝を塩漬けにして食べていたのだ。トラ退治で有名な加藤清正も退治したトラを秀吉に献上しており、朝鮮出陣の諸将は秀吉の機嫌を取ろうと、こぞって虎狩りに精を出していた節がある。ちなみに、気になる〝トラの味〟だが、退治したトラの肉を食べた対馬藩士は「その味、鶏のように之あり候」と感想を洩らしている。

153　参考史料●『鍋島家文書』『史籍収攬』

改良が重ねられたがやはり重かった…

戦国武将の商売道具である甲冑は15kgもあって一人で着るのは大変だった!!

戦国時代、鉄砲や集団戦法が主流になると、より動きやすく、かつ、鉄砲などに対する防御性能に優れた甲冑が求められた。その結果、誕生したのが前時代の胴丸をより機能アップした「当世（=現代風という意味）具足」だった。当世具足は鉄製という性質を考え、飾りをできるだけ省き、軽量化している点に特徴がある。胴体部分に兜や面頬《めんぼう》、垂・籠手・当世袖・脛当などの小具足がセットされ、一揃えとなる。しかし、問題はその着用法。いかに早く甲冑を身につけるかは武将にとって命に関わるからだ。本能寺の変で本城惣右衛門が蚊帳越しに刺した信長の小姓は、甲冑どころか、寝間着の帯すらつける間がなかったと記されている。

ひと昔前の時代の胴丸は小さな鉄板（小札＝こざね）を紐で威し（おどし＝繋ぎ合わせ）ているため、胴体部分の伸縮性は保たれていたが、当世具足の場合の胴体部分は横長の鉄板を用いており、防御性能に優れている反面、伸縮性には難が生じる。そこで、胴を2分割して繋ぎ目に蝶番《ちょうつがい》を用い、伸縮性をもたせて着用しやすくした。当世具足を代表する伊達政宗愛用「黒漆五枚胴具足」などは胴体部分を5分割して、より一層、使い勝手をよくしたものだ。しかし、『老人雑話』という江戸時代初期の古老（加藤清正らに仕えた儒医）の談話集に仰天すべき話が掲載されている。武事鍛錬の人いわく「急成時ハ、（天井に）釣て置て下より身をいるること最もよろしとぞ」。つまり、緊急時にはあらかじめ胴体部分を天井から釣っておき、具足を頭からスッポリ被っていたという。一人で約15kgの具足を着用するのは、難しかったようだ。

参考史料◉『本城惣右衛門覚書』『老人雑話』

背後から斬りかかり、手負いの者も殺す…

美化された武士道は乱世が終わってからのもの!?
戦場では生きるか死ぬか…戦国武将は卑怯だった!!

戦国時代の武将たちは戦場でどのような倫理観を持ち、敵と戦っていたのだろう。いくつかの史料がそれを物語ってくれている。

まずは「本能寺の変」で明智勢の先手衆に属した本城惣右衛門の覚書から、その倫理観をチェックしてみよう。彼が本能寺の南門(正門)にさしかかると、堀にかかる橋の際に門番兵が一人立っているのがみえた。惣右衛門はすかさず、その番兵の首を刎ね、境内に乱入したという。しかし、境内には「めずミ(鼠)ほどなる物なく」静まり返っていた。これは、境内北の信長の寝所が奇襲され、小姓衆はみな、そちらへ駆けつけていたためだが、そこへ光秀の娘婿・秀満の母衣衆の2人が信長の寝所の方からやってきて「くび（首）ハうちすて（打ち捨て）」にせよ、と命じた。このため惣右衛門は番兵の首を本堂の下へ投げ入れた。ここに、首は取るなと指示されていても合戦の後の恩賞が気になり、その証拠を隠そうとする武将の心理が垣間見える。

続いて惣右衛門は卑怯な行動にうってでる。しばらくして信長の小姓らしい敵兵が奥の間から姿を現わしたとき、惣右衛門は蚊帳の後ろに回りこみ、「うしろよりきり（斬り）申候」と臆面もなく覚書に記している。一方、ほぼ同じ頃、能登で石動山の僧兵を掃討していた前田利家の家臣（笠間儀兵衛）は、鉄砲で倒されて、息絶え絶えになっている僧兵を討ち取ったと『太閤記』に書かれている。現代人からすれば、物陰から敵を討つのも、手負いの者を討ち取るのも、同じ卑怯な行為に思える。しかし、戦国時代には、敵を討ち取る手段にはこだわっていなかったことが分かる。

157　参考史料●『本城惣右衛門覚書』『太閤記』

【参考図書】

桑田忠親著『新編日本武将列伝1〜6』（秋田書店）／小島広次著『今川義元』（人物往来社）／杉山博編『北条早雲のすべて』（新人物往来社）／中村彰彦著『秘められた真相　関ヶ原合戦』（中央公論新社）／加来耕三著『家康の天下取り』（中公文庫）／小和田哲男編『関ヶ原合戦のすべて』（新人物往来社）／『歴史群像シリーズ4　関ヶ原の戦い』（学習研究社）／『歴史群像シリーズ22　徳川四天王』（学習研究社）／瓦田昇著『荒木村重研究序説』（海鳥社）／日本博学倶楽部著『戦国武将・あの人の「その後」』（PHP文庫）／日本博学倶楽部著『戦国武将の意外なウラ事情』（PHP文庫）／小和田哲男『戦国武将ものしり事典』（新人物往来社）／堀和久著『戦国の軍師たち』（文春文庫）／小和田哲男著『戦国武将の生き方死に方』（新人物往来社）／中江克己著『戦国武将あの人の顛末』（青春文庫）／永山久夫著『戦国武将の食生活』（河出文庫）／王丸勇著『英雄医談』（新人物往来社）／南条範夫監修『戦国武将おもしろ雑学』（広済堂文庫）／樋口節夫著『定期市』（学生社）／山田幸一監修・大場修著『物語ものの建築史　風呂のはなし』（鹿島出版会）／小和田哲男著『戦国10大合戦の謎』（PHP文庫）／『朝日百科日本の歴史別冊　歴史を読みなおす15　城と合戦』／新宮正春著『城塞』（講談社）／西ケ谷恭弘著『日本史小百科　城郭』（東京堂出版）／内藤昌著『復元安土城』（講談社学術文庫）／安部龍太郎（ほか）著『真説本能寺の変』（集英社）／杉山博（ほか）著『日本史の謎と発見8　戦国の風雲』（毎日新聞社）／内藤昌（ほか）著『日本史の謎と発見9　信長と秀吉』（毎日新聞社）／今掘太逸著『本地垂迹信仰と念仏』（法蔵館）／【順不同】

【参考論文】

渡邊世祐著「徳川氏の姓氏に就て」（『史学雑誌』30編11号、1919年）／長谷川泰志著「太閤記の読者」（『新日本古典体系月報』66、1996年）／安野眞幸著「『相良氏法度の研究（二）』」（『文化紀要』40号、1994年）／今谷明著「旧本能寺から出土　信長専用の「小御殿」」（『歴史読本』8月号、2008年）／【順不同】

※その他、参考史料はページ欄外にその都度記載した。

監修：跡部蛮

（あとべ・ばん）1960年大阪市生まれ。佛教大学大学院博士課程修了（博士／文学）。従来の手法にとらわれず、古代史から幕末維新史に至るジャンルで歴史の通説を覆す著述を続けている。テレビのコメンテーターや講演活動のほか、週刊誌で連載。このほか、「古地図」や「道」にも造詣が深く、江戸時代の古地図を持って町歩きする「江戸ぶら会」を主宰する。主な著書は『教科書には書けない！　幕末維新おもしろミステリー50』（ビジネス社）、『戦国武将の収支決算書』（同）、『「道」から謎解き　合戦秘史　信長・秀吉・家康の天下取り』（双葉社）、『古地図で謎解き　江戸東京「まち」の歴史』（同）、『信長は光秀に「本能寺で家康を討て!」と命じていた』（同）ほか多数。

編集：東京歴史ミステリー研究会

編集協力◉株式会社zeta

イラスト（カバー&表紙）◉諏訪原寛幸

デザイン◉THROB（鈴木徹）

そうだったのか!?
戦国ミステリーの真相

発行日　2019年3月1日　初版第1刷発行

監　　修	跡部蛮
発　行　人	小宮秀之
発　行　所	株式会社メディアパル
	〒162-8710　東京都新宿区東五軒町6-24
	TEL.03-5261-1171　FAX.03-3235-4645
印刷・製本	中央精版印刷株式会社

ISBN978-4-8021-1030-3
©BAN ATOBE&TOKYO REKISHI MYSTERY KENKYUKAI 2019
©Mediapal 2019 Printed in Japan

◎定価はカバーに表示してあります。造本には十分注意しておりますが、
万が一、落丁・乱丁などの不備がございましたら、お手数ですが、
メディアパルまでお送りください。送料は弊社負担でお取替えいたします。
◎本書の無断複写（コピー）は、著作権法上での例外を除き禁じられております。
また代行業者に依頼してスキャンやデジタル化を行うことは、たとえ個人や
家庭内での利用を目的とする場合でも、著作権法違反です。